Annett Klingner

55½ Orte im Vatikan, die man gesehen haben muss

emons:

Herzlichen Dank für die wertvolle Unterstützung
(in alphabetischer Reihenfolge):

S.E. Card. Angelo Comastri, Thomas Helbig, Barbara Lück,
Prof. Dr. Arnold Nesselrath, Msgr. Paolo Nicolini,
Dr. Rosanna Di Pinto, Paola Spalvieri, Timo Strauch
sowie Volker Bartsch und last but not least Martin Klingner

Bibliografische Information der Deutschen Nationalbibliothek
Die Deutsche Nationalbibliothek verzeichnet diese Publikation
in der Deutschen Nationalbibliografie; detaillierte bibliografische
Daten sind im Internet über http://dnb.d-nb.de abrufbar.

Layout: Eva Kraskes, nach einem Konzept
von Lübbeke | Naumann | Thoben
Kartografie: altancicek.design, www.altancicek.de
Kartenbasisinformationen aus Openstreetmap,
© OpenStreetMap-Mitwirkende, ODbL
Druck und Bindung: B.O.S.S Medien GmbH, Goch
Printed in Germany 2015
ISBN 978-3-95451-699-5
Originalausgabe

Ewig, heilig, geheimnisvoll und abgeschirmt

Ein guter Kilometer in der Länge und 850 Meter in der Breite: Das ist das Reich des wichtigsten Gottesmannes. Der Papst herrscht über den mit Abstand kleinsten Staat der Welt. Doch trotz seiner klaustrophobischen Enge hat der Vatikan alles, was ein Land braucht: ein Territorium, Einwohner, eine Verfassung und eine Regierung. Er besitzt eine eigene Staatsbürgerschaft, eine Flagge und eine Nationalhymne. Dazu eine eigene Mini-Armee – deren Mitglieder ausnahmslos aus dem Ausland stammen müssen, bunte Renaissance-Kostüme und eine Hellebarde tragen – sowie eine Gendarmerie und eine Feuerwehr.

Der Vatikan hat um die 800 Einwohner, aber fast 20 Millionen Touristen pro Jahr. Die Gäste überqueren an manchen Stellen ungehindert die Staatsgrenze; doch wenn sie falsch gekleidet sind, dürfen sie nicht mal ins Museum. Dass kaum Menschen freien Zutritt haben und alle, die drin sind, so ein Geheimnis darum machen, was sich hinter den meterdicken Mauern abspielt, sorgt für unzählige Mythen, Legenden und Begehrlichkeiten. Dabei sind die öffentlich zugänglichen Bereiche ohnehin die spannendsten.

Wie kommt man denn nun in den Vatikan? Und was ist dort für Normalsterbliche erlaubt? Was und wo ist der Heilige Stuhl? Wie gelangen Sie in den Garten des Papstes, um dort zu spazieren? Oder in seine Sommerresidenz? Dieses Buch führt Sie an 55 ½ besondere, geschichtsträchtige und skurrile Orte.

55 ½ Orte

V MCMLXXXI
POSTE VATICANE
VEST
VENTE

1 Die Attentats-Plakette

Wo die Schüsse auf Johannes Paul II. fielen

Petersplatz, 13. Mai 1981, kurz nach 17 Uhr: Johannes Paul II. hat seine Generalaudienz beendet. Er steigt in einen weißen Jeep und fährt stehend die Absperrungen entlang. Immer wieder stoppt das Fahrzeug, damit er die Hände der Gläubigen schütteln kann. Karol Wojtyla ist ein Pontifex zum Anfassen, ein Star. Auch an diesem Nachmittag.

Plötzlich drängt ein schmächtiger junger Mann an den Wagen. Er reißt einen Revolver hoch, schießt dreimal. Mit schmerzverzerrtem Gesicht bricht der Papst zusammen. Eine Kugel hat seine Hand verletzt, die zweite den Arm. Das dritte Projektil ist in den Bauch eingedrungen, hat den Darm durchschlagen und ist nur Millimeter neben der Wirbelsäule wieder ausgetreten. Das Papamobil gibt Gas und rast durch die geschockte Menge. Eilig wird der Heilige Vater in die Gemelli-Klinik gebracht. Als er im OP eintrifft, hat er bereits drei Liter Blut verloren und kaum noch einen fühlbaren Puls. Er bekommt die letzte Ölung. Die Operation dauert über fünf Stunden; doch erst vier Tage später ist klar, dass er überlebt.

Der Attentäter wird sofort gefasst. Es ist der türkische Rechtsextremist Mehmet Ali Ağca. Warum er auf den Papst schoss, blieb bis heute ungeklärt. Viele vermuten die Drahtzieher des Attentats beim sowjetischen KGB. Johannes Paul II. vergab Ağca öffentlich und besuchte ihn Ende 1983 sogar im Gefängnis. Die Stelle, an der die Schüsse fielen, ist durch eine Marmortafel im Pflaster markiert.

Adresse Petersplatz, rechte Seite nahe der Kolonnaden und des Bronze-Tores | Tipp Auf dem trapezförmigen Gebäude rechts des Petersdoms, dessen Schmalseite zum Platz zeigt, ließ Johannes Paul II. zum Dank für den glimpflichen Ausgang ein Mosaik der Muttergottes anbringen.

2 Der Aufstieg zur Kuppel

551 Stufen bis zur Traumaussicht

Rom hat viele sensationelle Aussichtspunkte. Doch der Umgang oberhalb der Kuppel des Petersdoms bietet über die atemberaubende Sicht auf das römische Stadtzentrum hinaus etwas Einzigartiges: den Blick auf die Vatikanischen Gärten und Paläste, aber auch den Petersplatz. Vor dem Genuss sind jedoch Beinarbeit und Kondition gefragt. Denn bis zur Spitze der berühmten Basilika müssen 551 Stufen überwunden werden.

Auf den ersten 231 Stufen, die auf das Dach des Petersdoms führen und auch per Fahrstuhl zurückgelegt werden können, gestaltet sich der Weg noch recht bequem. Außerdem kann man nach der ersten Etappe in Ruhe verschnaufen, die Mosaike im Tambour (dem Ring unterhalb der Kuppel) aus allernächster Nähe bestaunen und aus 140 Meter Höhe einen Blick in den Petersdom werfen. Dann warten weitere 320 Stufen und mit ihnen der anstrengendste Teil des Aufstieges.

Die »Lumaca S. Andrea« (Schneckentreppe des heiligen Andreas) windet sich steil empor, und spätestens am schrägen gelb gekachelten »Giro de Monti« zwischen den beiden Kuppelschalen dürfte niemandem mehr kalt sein. Nach ein paar eisernen Stiegen geht es schließlich den engen »Giro della Lanterna« hinauf. Dann ist es geschafft, und man erreicht den schmalen Umgang um die 18 Meter hohe Laterne über dem »Kuppelauge«, deren Fenster das Innere erhellen. Damit man dort genügend Platz hat, sollte man den Aufstieg für den frühen Morgen oder den späteren Nachmittag einplanen.

Adresse In der Vorhalle des Petersdomes gehen Sie nach rechts, der Weg zur Kuppel ist ausgeschildert. | **Öffnungszeiten** April–Sept. 8–18 Uhr, Okt.–März 8–17 Uhr | **Tipp** Vom Umgang der Laterne aus haben Sie einen grandiosen Überblick über das vatikanische Gelände. Den Gouverneurspalast erkennen Sie am Wappen des aktuellen Papstes. Dieses ist aus Blumen in die Wiese vor dem Palast gepflanzt.

3 Die Aula Paolo VI

Auferstehung aus einem Atomkrater

1964 gab Paul VI. eine Audienzhalle in Auftrag. Der immer stärkere Strom von Katholiken nach Rom und ihr Drang, den Papst live zu erleben, hatten die bis dahin genutzten Säle für Audienzen zu klein werden lassen.

Stararchitekt Pier Luigi Nervi bekam den prestigeträchtigen Auftrag. Doch er stand vor einem gewaltigen Problem: Auf einer winzigen Fläche sollten 6.300 sitzende oder 12.000 stehende Menschen Platz finden. Und das mit möglichst freier Sicht auf ihr Kirchenoberhaupt. Der erfahrene Konstrukteur löste es, indem er das trapezförmige Gebäude aus Stahlbeton errichtete. Das erlaubte ihm, eine freitragende gewölbte Decke einzuziehen. 42 beleuchtete Rippen verleihen dem Saal zusätzliche Weite. Und die Travertin-Verkleidung passt das Gebäude optisch an den Petersdom an. 1971 wurde es eröffnet.

Nur ein kleiner Teil der Sala Paolo VI steht auf vatikanischem Gelände. Das führt zu der kuriosen Situation, dass der Papst bei Generalaudienzen im eigenen Staat sitzt, während ihm die Besucher aus dem Ausland, also aus Italien, zuhören. Von dort aus können sie auch die eigenwillige Jesus-Skulptur des Bildhauers Pericle Fazzini betrachten. Das 40 Tonnen schwere Werk aus Bronze und Messing erstreckt sich im Hintergrund des Podiums über eine Fläche von 7 mal 20 mal 3 Metern. Der Künstler gab an, dass der von ihm geschaffene Gottessohn in einem Olivenhain aus dem Krater einer nuklearen Explosion heraus auferstehe.

Adresse Audienzhalle Paolo VI, Via Teutonica, 00120 Città del Vaticano (links außerhalb der Kolonnaden des Petersplatzes) | **Tipp** Hier finden bei schlechtem und besonders heißem Wetter die Generalaudienzen am Mittwoch sowie gelegentlich Sinfoniekonzerte statt. Seit 2008 produzieren 2.394 Solarmodule auf dem Dach der Audienzhalle Strom für über 100 Haushalte. Die Anlage ist das Geschenk einer deutschen Firma und von der Kuppel des Petersdoms aus gut zu sehen.

4 Der Bahnhof

Vier Züge in 80 Jahren

150 Meter hinterm Petersdom liegt der päpstliche Bahnhof. Touristen dürfen ihn nicht besuchen, von der Kuppel des Petersdoms aus ist er aber bestens zu sehen. Mussolini machte das Gebäude dem 1929 entstandenen Vatikanstaat zum Geschenk. Es entspricht dem Geschmack jener Zeit, ist außen mit Travertin und innen mit Marmor verkleidet, mit grünen Marmorsäulen, Reliefs, Wasserspeiern und Bronzevasen geschmückt.

1933 wurde der Bahnhof mit großem Pomp eingeweiht, danach verfiel er weitgehend in einen prunkvollen Dornröschenschlaf. Dabei gibt es sogar eine 200 Meter lange Bahnlinie, die durch ein großes Tor von Rom getrennt ist. Möchte ein Zug hinein, muss der Lokführer auf eine Klingel in der Vatikanmauer drücken. Die Gleise sind ans italienische Eisenbahnnetz angeschlossen, trotzdem fahren nur selten Züge ab. Zuletzt reiste Johannes Paul II. im Jahr 2002 von hier aus nach Assisi.

Auch die Waren für den Vatikan kommen nicht per Waggon, deshalb wurde die ohnehin überdimensionierte Empfangshalle zu einem zweistöckigen Shopping-Paradies umgebaut. Wer einen Vatikan-Ausweis hat, darf steuerfrei konsumieren: elektrische und elektronische Geräte, Kosmetika, Uhren, edle Marken-Garderobe und sogar Dessous. Alles zu überaus christlichen Preisen. Allerdings kaufen hier weniger Ordensschwestern ein, sondern eher Diplomatinnen. Damit trotzdem niemand vergisst, wo er shoppt, hängt über dem Eingang ein stilisiertes Kreuz.

Adresse Vatikanstadt (nur mit Vatikan-Ausweis zugänglich) | Tipp Wer den Petersplatz über die Via Paolo VI. verlässt, dann dem Mauerverlauf über die Via di Porta Cavalleggeri und die Via della Stazione Vaticana folgt, kommt direkt zum Tor, durch das die Züge in den Vatikan fahren. Auch per Bus 46 erreichbar (Aurelia/Piazzale Gregorio VII.).

5 Die Basen des Ziboriums

Szenen einer Geburt

Der monumentale Papstaltar im Zentrum des Petersdoms ist weltberühmt. Und fast jeder Reiseführer erinnert daran, dass sein Auftraggeber, Papst Urban VIII., für das 63 Tonnen schwere Werk sogar die antike bronzene Kassettendecke der Pantheon-Vorhalle einschmelzen ließ. Doch fast niemand beachtet die Basen der 29 Meter hohen gedrehten Säulen.

Wer vom Longinus-Pfeiler aus (dort geht es in die Grotten) im Uhrzeigersinn um das Ziborium geht, entdeckt in Augenhöhe marmorne Kartuschen. Sie zeigen das Wappen Urbans VIII. (drei Bienen) sowie einen weiblichen Kopf. Auf dem ersten Relief lächelt die Frau sanft, während die Tiara über ihr einen Cherub sowie eine himmelwärts laufende Biene zeigt. Doch auf den folgenden Darstellungen verzerrt sich ihr Gesicht immer mehr. Schließlich scheint sie zu schreien. Erst die siebte Kartusche zeigt sie wieder entspannt, und die achte präsentiert einen pausbäckigen kleinen Jungen.

Offiziell bezieht sich dieser Zyklus auf eine Bibelstelle (Offenbarung 12, 1–5). Diese spricht von einem Weib, das mit Sonne und Mond bekleidet ist und in den Wehen liegt. Doch der Überlieferung nach spielen die in Marmor gemeißelten Geburtsszenen auf ein ehrgeiziges Ziel Urbans VIII. an. Der kinderlose Papst protegierte seine Brüder und Neffen im Höchstmaß. Damit wollte er die Macht seiner Dynastie festigen und steigern. Die Reliefs untermauern seine Erwartung, dass nach ihm wieder ein Barberini den Papstthron besteigen würde.

Adresse Petersdom, senkrecht unter der Kuppel | **Tipp** Auf den gedrehten Säulen lassen sich spannende Details entdecken. Neben verschiedenem Blattwerk und zahlreichen Bienen (den Wappentieren der Barberini) finden sich an den unteren Säulenringen Sonnen oder auch eine Eidechse, die einen Skorpion frisst.

6 Die Benediktionsloggia

Der berühmteste Balkon der Welt

Sobald aus dem Schornstein der Sixtinischen Kapelle weißer Rauch strömt, wissen die Wartenden auf dem Petersplatz und vor den Fernsehschirmen, dass ein neuer Papst gewählt worden ist. Sofort beginnen die Glocken im linken Turm des Petersdoms für eine Viertelstunde zu läuten. Schweizergardisten, das Musikkorps der italienischen Armee und Carabinieri des Vatikans marschieren in Paradeuniformen auf. Dann schauen alle gespannt auf die Fassade.

Über den fünf Eingängen zum Petersdom befinden sich neun Fenster, von denen drei durch einen hervorspringenden Gebäudeteil (den man Risalit nennt) hervorgehoben sind. Das mittlere hat einen Balkon und wird von Säulen eingerahmt, die während des Konklaves mit purpurnem Samt verkleidet sind. Dann heißt es warten. Denn verborgen vor den Augen der Öffentlichkeit fragt der Kardinalprotodiakon den Gewählten zunächst, ob er das Amt annimmt und welchen Namen er wählt. Sobald der neue Pontifex die päpstlichen Gewänder trägt, schwören ihm die Kardinäle Treue. Alle begeben sich in die Benediktionsloggia, und der dienstälteste Kardinal tritt auf den Balkon, um das neue Kirchenoberhaupt mit dem berühmten Satz »Annuntio vobis gaudium magnum: Habemus Papam!« vorzustellen.

Zu Ostern, Weihnachten und bei anderen kirchlichen Hochfesten spendet der Papst von dort aus den apostolischen Segen »Urbi et orbi«. Der musikalische Benedikt XVI. sang ihn, Papst Franziskus sprach ihn lieber.

Adresse Petersdom | **Tipp** Oberhalb der Benediktionsloggia verläuft eine lateinische Inschrift über das gesamte Fassadengesims. Sie lautet übersetzt: »Zu Ehren des Apostelfürsten; von Paul V. Borghese aus Rom, Pontifex Maximus, im Jahr 1612, dem siebten Jahr seines Pontifikats«.

7 Der Borgo-Brand

Siegeszug der Bohne

Neben der Sixtinischen Kapelle sind die Raffael-Stanzen die meistbesuchten Säle der Vatikanischen Museen. Mehr als fünf Millionen Besucher durchqueren sie pro Jahr.

Papst Julius II. hatte den erst 25-jährigen Maler Raffael 1508 mit der Ausgestaltung seines Apartments beauftragt – im selben Jahr, in dem er Michelangelo den Auftrag für das Deckenfresko der Sixtinischen Kapelle gab. Der Künstler machte sich mit Gehilfen und Beratern an die Arbeit. Doch das komplexe Bildprogramm, das er großflächig umsetzte, brauchte viel Zeit. Als der Pontifex 1513 starb, war noch nicht einmal der zweite Raum fertig. Auch sein Nachfolger, Papst Leo X. (1513–1520), erlebte die Vollendung nicht mehr, erst 1524 wurde der letzte Pinselstrich gemacht.

Im Laufe der folgenden Jahrhunderte machten die Fresken viel mit. Deshalb begann im Jahr 1982 eine umfassende Restaurierung, die insgesamt 30 Jahre dauerte. Dabei wurden nicht nur Kleckse und Spuren von Unfällen entdeckt, die Raffael und seine Kollegen korrigiert hatten, sondern eine echte Überraschung: Als ein Restaurator versehentlich durch den Putz im »Borgo-Brand« brach, entdeckte man darin gekochte Bohnen. Sie stammten offenbar vom Mittagessen eines Raffael-Gehilfen. Doch die Bohne war erst in Europa bekannt, seit Kolumbus aus der Neuen Welt zurückgekehrt war. Sie hatte sich also in 15 Jahren so stark verbreitet, dass aus der exotischen Pflanze eine günstige Mahlzeit geworden war.

Adresse Sala del Incendio (Raffael-Stanzen), Vatikanische Museen | **Tipp** Der Borgo-Brand (der dem Raum seinen Namen gab) soll im Jahr 847 im Viertel vor dem Petersdom getobt haben. Angeblich trat Papst Leo IV. auf die Benediktionsloggia, hob die Hand zum Segen und löschte damit den Brand. Im linken Bildhintergrund ist der alte Petersdom zu sehen, der noch stand, als Raffael das Fresko malte.

8 Der Campo Santo Teutonico

Enklave inmitten des Vatikans

Wer links außerhalb der Kolonnaden des Petersplatzes zum Tor geht und die Schweizergardisten auf Deutsch bittet, den Campo Santo besuchen zu dürfen, wird eingelassen. 200 Meter weiter liegt ein kleiner Friedhof, der seit dem 15. Jahrhundert bezeugt ist.

Deutschsprachige Pilger, die in der Ewigen Stadt starben, wurden für die Reisestrapazen mit einer Ruhestätte neben dem Petersdom belohnt – aber auch Dichter, ein deutscher Bäcker und eine Fürstin, die die Geliebte des Komponisten Franz Liszt war. Und die beiden letzten Schweizergardisten, die 1870 beim Sturz des Vatikanstaates starben. Kleine Steinchen auf dem Grabstein der Archäologin Hermine Speier verraten, dass die erste offizielle weibliche Vatikan-Angestellte keiner katholischen, sondern einer jüdischen Familie entstammte. Auch Madre Pasqualina Lehnert fand hier ihre letzte Ruhe. Sie hatte dem Nuntius Eugenio Pacelli in München den Haushalt geführt, folgte ihm später nach Berlin, dann nach Rom und blieb seine Privatsekretärin, als er Papst Pius XII. wurde.

Heute werden eigentlich nur noch Mitglieder und enge Vertraute der Erzbruderschaft auf dem Campo Santo beerdigt. Bis auf eine Ausnahme: Der Belgier Willy Herteleer hatte 30 Jahre lang nahe des Petersdoms auf der Straße gelebt und jeden Morgen um sieben die Messe in S. Anna, der Pfarrkirche des Vatikans, besucht. Anfang 2015 starb er und wurde auf dem Campo Santo bestattet.

Adresse Zugang über das Tor links außerhalb der Kolonnaden | **Öffnungszeiten** täglich 7 – 12 Uhr | **Tipp** In der Kirche S. Maria in Campo Teutonico finden Montag bis Samstag um 7 Uhr und Sonntag um 9 Uhr Gottesdienste statt (außer im August). Diese werden mittwochs auf Latein, samstags auf Italienisch und sonst auf Deutsch abgehalten.

9 Castel Gandolfo

Im Garten der päpstlichen Sommerresidenz flanieren

24 Kilometer südöstlich von Rom, malerisch in den Albaner Bergen, liegt die päpstliche Sommerresidenz mit 55 Hektar Grün, gepflegten Rabatten, prächtigen alten Bäumen, Blumen, einem Zitrusgarten und einer grandiosen Aussicht bis zum Meer. Hier hatte schon Kaiser Domitian (51–96 nach Christus) Entspannung gesucht. Er ließ sich eine riesige Residenz bauen, fuhr auf einem künstlich angelegten See Boot und spielte im Amphitheater gelegentlich selbst. Auch Barberini-Papst Urban VIII. wählte das herrliche Stück Erde nicht zufällig, als er ab 1624 dort seine Sommervilla einrichtete.

Nach ihm nutzten viele Päpste das Idyll. Während des Zweiten Weltkrieges öffnete Pius XII. die Pforten für 12.000 italienische Flüchtlinge. Sie blieben bis zur Befreiung Roms am 4. Juni 1944. Alle Räume und selbst die unterirdischen Gänge aus der Zeit Kaiser Domitians wurden für ihre Unterbringung genutzt, im päpstlichen Schlafzimmer kamen insgesamt 36 Kinder zur Welt.

Auch später reisten die Päpste im Sommer nach Castel Gandolfo. Johannes Paul II. und Benedikt XVI. verbrachten regelmäßig mehrere Wochen dort. Papst Franziskus brach jedoch mit dieser Tradition und entschied, den Sommer lieber arbeitend in Rom zu verbringen. Die herrlichen Barberini-Gärten ließ er für die Öffentlichkeit öffnen. Sie können nun im Rahmen von Führungen besichtigt werden. Tickets gibt es über die Homepage der Vatikanischen Museen.

Adresse Ville Pontificie di Castel Gandolfo, Giardino Barberini, Via Carlo Rosselli (gegenüber Piazzale Urbano VIII.), 00073 Castel Gandolfo | **Anfahrt** ab Bahnhof Termini mit dem Zug Richtung Albano bis Castel Gandolfo, von dort nach rechts die Straße zum Ort oder nach circa 100 Metern den steileren Fußweg nehmen | **Öffnungszeiten** nur im Rahmen von Führungen (auf Italienisch oder Englisch, weitere Sprachen auf Anfrage), Buchung unter http://bigliettteriamusei.vatican.va/musei/tickets/index.html | **Tipp** Zur päpstlichen Sommerresidenz gehört ein Bauernhof, auf dem Obst, Gemüse, Milch und Eier für die päpstliche Tafel produziert werden. Was nicht benötigt wird, wandert in die Geschäfte von Castel Gandolfo.

10 Das edle Scheingrab

Ruhm für einen glücklosen Papst

Innozenz VIII. war einer der schwächsten Päpste des 15. Jahrhunderts. Seine Wahl – durch Bestechung erkauft. Und während des knapp achtjährigen Pontifikats (1484–1492) fiel er hauptsächlich als Förderer von Inquisition und Hexenprozessen auf. Wegen großer Finanzprobleme musste er sogar seine Tiara und Teile des Kirchenschatzes verpfänden.

1492 schenkte Sultan Bayezid II. dem Pontifex die heilige Lanze, weil der seinen Bruder im Vatikan gefangen hielt, damit er Bayezid II. nicht die Macht im Osmanischen Reich streitig machte. Die Lanze soll Longinus gehört haben. Der römische Hauptmann hatte Jesus Christus der Legende nach damit in die Seite gestochen, um zu prüfen, ob er tot sei. Innozenz ließ das kostbare Stück in den Vatikanischen Palast bringen, denn er war schwer krank und erhoffte sich vergeblich Stärkung von ihrer Präsenz. Kurz vor seinem Tod kam sie in den Petersdom, wo sie bis heute in einem Vierungspfeiler verwahrt wird.

Nepoten (Verwandte, die Innozenz begünstigt hatte) gaben ein prunkvolles Bronze-Wandgrab in Auftrag. Anders als alle bis dahin bekannten Monumente zeigt es gleich zwei Körper, einen thronenden Lebenden, der die Lanze präsentiert, sowie einen aufgebahrten Toten. Das verschaffte Innozenz posthum eine unverhoffte Berühmtheit. Nach dem Abriss von Alt-St. Peter kam das Grabmal in den neuen Petersdom. Allerdings ist der Sarkophag inzwischen leer, Innozenz' Überreste ruhen anonym in einer Kapelle.

Adresse Petersdom, linkes Schiff des Langhauses, das Grabmal ist erhöht in die Wand eingelassen | Tipp Beim Umzug von Alt-St. Peter in den neu gebauten Petersdom wurden nur wenige Grabmonumente mitgenommen. Ledigich zwei sind aus Bronze, beide stammen von Antonio Pollaiuolo. Neben dem Monument für Innozenz VIII. hatte der Florentiner Goldschmied und Erzgießer auch den prächtigen Sarkophag für Sixtus IV. angefertigt, der in der Schatzkammer des Petersdoms besichtigt werden kann.

11 Der fehlende dritte Arm

Die unvollendeten Kolonnaden des Petersplatzes

Der imposante Petersplatz wird von zwei umlaufenden Kolonnaden ebenmäßig umfasst, ja erst gebildet. Lorenzo Bernini, Roms berühmtester Künstler und Baumeister des 17. Jahrhunderts, hatte sie entworfen und musste dabei gewaltige Hürden überwinden.

Um 1650 bot der Petersplatz einen ziemlich unerfreulichen Anblick. Vor der wichtigsten Kirche der Christenheit gab es nämlich eine unbebaute Fläche, die unregelmäßig von älteren Gebäuden begrenzt war. Darauf stand seit 1590 zwar der riesige Obelisk (s. Seite 68), aber nicht in der Mittelachse der Fassade, sondern um fast vier Meter nach Norden verschoben. Und schließlich war auch die Fassade des Petersdoms disproportioniert – im Verhältnis zur Höhe wirkte sie viel zu breit.

Als der kunstsinnige Bankiers-Sohn Flavio Chigi im Jahr 1655 nach einem 80 Tage währenden Konklave zum Pontifex Maximus gewählt wurde, stand der Vatikan am Rande eines Staatsbankrotts. Den Umbau des Petersplatzes wollte er trotzdem. Die alten Paläste wurden aufgekauft, abgerissen und dann gewaltige Summen in die Säulen investiert. Ursprünglich gab es sogar den Vorschlag, ein zweites Stockwerk mit Wohnungen auf die Kolonnaden zu setzen, um mit den Mieteinnahmen die Baukosten zu senken. Als Papst Alexander VII. 1667 starb, strich sein Nachfolger alle Bauprojekte. Auch der Petersplatz wurde nicht vollendet, und der eigentlich zwischen beiden Kolonnaden vorgesehene »terzo braccio« (dritte Arm) blieb unausgeführt.

Adresse Petersplatz | **Tipp** Im Pflaster des Platzes, jeweils zwischen den Brunnen und dem Obelisken, sind Plaketten in den Boden eingelassen. Diese markieren die Ellipsen-Brennpunkte, von denen aus man die doppelten Säulen der Kolonnaden in einer Reihe stehend sieht.

12 Das Fenster des Papstes

Immer sonntags um 12

Der einfachste Weg, den Papst zu sehen, besteht darin, an einem Sonntag kurz vor 12 Uhr auf den Petersplatz zu kommen, sich gegenüber des Apostolischen Palastes zu positionieren und den Blick auf die oberste Etage zu richten. Dies tun viele tausend Römer, Pilger und Touristen. Manche halten große Transparente in die Höhe, andere haben Fahnen dabei – und fast alle von ihnen machen schon mal ihre Kamera schussbereit.

Am zweiten Fenster von rechts ist dann bereits die Flagge mit dem persönlichen Wappen des amtierenden Papstes angebracht. Mit dem Glockenschlag öffnet sich das Fenster, und der Pontifex tritt ans Mikrofon. Er winkt der Menschenmenge zu, begrüßt sie und spricht dann den Angelus.

Seinen Namen verdankt dieses Gebet, das 1571 von Papst Pius V. eingeführt wurde und der Tradition nach dreimal täglich gesprochen wird (bei Sonnenauf- und -untergang sowie am Mittag), seinen ersten Worten: »Angelus Domini nuntiavit Mariae« (Der Engel des Herrn brachte Maria die Botschaft). Im Anschluss hält der Papst eine kurze Ansprache auf Italienisch, in der er sich zu aktuellen Fragen, Krisen und Konflikten positioniert und Appelle formuliert. Häufig wendet er sich auch mit einer konkreten Botschaft an die Menschen auf dem Platz oder betet für die Betroffenen von Unglücken. Dann grüßt er die Anwesenden in mehreren Sprachen und segnet sie. Die gesamte Zeremonie dauert ungefähr 15 bis 20 Minuten.

Adresse Petersplatz (sonntags 12 Uhr) | **Tipp** Wo an der linken Seite des Petersplatzes der Anbau in die Kolonnaden mündet, gibt es eine Erste-Hilfe-Station, ein Vatikanisches Postamt mit Briefkästen, einen internationalen Buchladen und öffentliche Toiletten.

13 Der Fuß des Petrus

Reiz der Berührung

Täglich strömen Tausende Besucher des Petersdoms direkt vom Eingang aus zu einer Bronzefigur: einem sitzenden Mann mit gelocktem Haar, der mit seiner linken Hand einen großen Schlüssel umklammert und die Rechte zum Segensgruß erhebt. Jedes Jahr am 29. Juni (dem Festtag Peter und Paul) wird diese Statue zudem kunstvoll angekleidet und mit allen prunkvollen Zeichen päpstlicher Macht und Würde ausgestattet.

Pilger und Touristen stehen geduldig an, um ihren rechten Fuß zu berühren und – das ist fast noch wichtiger – sich dabei fotografieren zu lassen. Nirgendwo klicken die Handykameras häufiger als an dieser Stelle. Viele wissen vermutlich gar nicht, warum das Anfassen Glück bringen soll. Aber *dass* dies zahllose Menschen seit vielen Jahrhunderten annehmen, ist dem Fuß deutlich anzusehen. Er ist durch das viele Berühren, Reiben und Küssen schon ganz deformiert.

Die Skulptur ist ein Werk des toskanischen Bildhauers Arnolfo di Cambio. Sie wurde um 1300 geschaffen und zeigt den Apostelfürsten Petrus auf einem Thron – der übrigens mindestens 200 Jahre später als die Statue entstand. Der Sockel wurde sogar erst vor 250 Jahren hinzugefügt. Bis Johannes XXIII. den Brauch abschaffte, war es üblich, dem Papst bei einer Audienz den Fuß zu küssen. Damit signalisierte man, dass man ihn als irdischen Stellvertreter Christi anerkannte. Auch der Petrus-Statue wurde in dieser Form gehuldigt.

Adresse Petersdom, am vordersten rechten Pfeiler des Mittelschiffs | **Tipp** Als Pius XI. 1846 Papst wurde, hatte keiner seiner Amtsvorgänger die mit ungefähr 30 Jahren angenommene Pontifikatsdauer des Apostels Petrus erreicht. Fast drei Viertel der Päpste herrschten weniger als zehn Jahre, ein knappes Viertel zwischen zehn und 20 Jahren. Als er selbst die magische Marke von 30 Jahren geknackt hatte, ließ er triumphierend eine Plakette mit seinem Konterfei über der Petrus-Statue anbringen.

14 Die gelben Kästen

Schnelle Post vom Vatikan

Italiener sind daran gewöhnt, dass Eilbriefe vom Absender bis zum Empfänger zwischen drei Tagen und zwei Wochen unterwegs sind. Normal frankierte Briefen brauchen mindestens eine Woche, Postkarten und Drucksachen kommen häufig erst Monate, nachdem sie der Post übergeben wurden, an. Doch es geht anders.

Natürlich hat der Vatikan auch eine eigene Post. Sie kümmert sich einerseits um die Zustellung von Sendungen innerhalb des eigenen Staatsgebietes, leitet aber auch alle Sendungen weiter, die auf dem vatikanischen Territorium aufgegeben werden. Dafür gibt sie eigene Briefmarken heraus, die bei Sammlern und Touristen hoch im Kurs stehen. Denn sie sind frei verkäuflich, allerdings nur an wenigen Orten erhältlich. So gibt es in den Vatikanischen Museen eine Zweigstelle und jeweils eine an den Enden der Kolonnaden auf dem Petersplatz. In Zeiten besonders großen Besucherandrangs wird zusätzlich eine mobile Poststation auf dem Petersplatz aufgebaut. Auch im Shop auf dem Dach des Petersdoms gibt es Karten, Marken und einen Briefkasten. Das Porto entspricht dem italienischen. Wichtig ist allerdings, dass die Sendungen in die gelben Vatikan-Briefkästen geworfen werden und nicht in die italienischen roten.

Obwohl der Vatikan ein Abkommen mit Italien hat, das dessen Postsäcke offiziell übernimmt und weiterleitet, kommen Sendungen, die in den gelben Kästen ihre Reise antreten, erheblich schneller an.

Adresse Postamt direkt hinter den rechten Kolonnaden des Petersplatzes | Öffnungszeiten 8.30–18.30 Uhr | Tipp Vor allem an heißen Tagen versuchen pfiffige Händler, den durstigen Besuchern Wasserflaschen zu verkaufen. Diese sind in der Regel überteuert. Dabei gibt es rund um den Petersplatz viel kostenloses Wasser – zwei Nasoni (Hydranten, die Trinkwasser spenden) befinden sich in den rechten Kolonnaden nahe der Post. 50 Meter vor dieser steht ein Trinkwasserbrunnen, und an allen vier Laternen rund um den Obelisken sind Trinkwasserbecken angebracht.

15 Die Glockentürme

Niederlage eines Genies

Im Jahr 1638 erhielt Roms gefragtester Künstler, Gianlorenzo Bernini, einen prestigeträchtigen Auftrag. Er hatte zuvor den bronzenen Baldachin für den Petersdom gebaut und sollte nun ein weiteres Highlight für die gerade fertiggestellte Basilika beisteuern: zwei Glockentürme. Diesen wäre eine wichtige optische Funktion zugekommen, denn die Fassade wirkte nicht gut proportioniert. Sie war im Verhältnis zu ihrer Breite zu niedrig geraten, ließ sich aber nicht erhöhen, weil dadurch Michelangelos berühmte Kuppel verdeckt worden wäre. Berninis Glockentürme sollten auf die äußeren beiden Joche aufgesetzt werden und den Baukörper dadurch schmaler und harmonischer wirken lassen.

Mit großem Elan begann Bernini zu bauen. Doch schon bald ergaben sich Probleme mit dem schwierigen Baugrund. Außerdem waren die Fundamente des Petersdoms zu schwach, um zusätzliche schwere Lasten zu tragen. Kaum war der erste Turm fertig, zeigten sich große Risse im Mittelschiff der Kirche. Hektisch verhängte der Papst einen Baustopp, eine Expertenkommission wurde einberufen und der Baukörper 1646 nach langem Gezerre wieder abgerissen – für den bis dahin erfolgsverwöhnten Bernini die Niederlage seines Lebens. Ausgerechnet auf der wichtigsten Baustelle Roms hatte er versagt. Nur die Grundmauern mit den beiden Torbögen blieben erhalten.

Nach diesem Desaster wagte sich kein anderer Architekt mehr an Glockentürme für den Petersdom.

Adresse Petersplatz | Tipp Auch ohne Türme läuten die sechs Glocken des Petersdoms. Sie hängen in einem Schallfenster unterhalb der linken Uhr. Nur drei sind sichtbar: die größte (»Campanone«) und die beiden kleinsten (»Campanella prima« und »Campanella seconda«). Es gibt eine festgelegte Ordnung, wann welche Glocke geschlagen wird. Alle sechs auf einmal erklingen nur nach dem päpstlichen Segen »Urbi et orbi« zu Ostern und Weihnachten sowie nach der Wahl eines neuen Papstes.

16 Die goldene Kugel

Wie ein Leuchtturm

Von Weitem wirkt sie winzig. Dabei könnte die vergoldete Kugel auf der Kuppel des Petersdoms mehrere Personen aufnehmen. Lange glänzte sie, wurde dann jedoch durch chemische Prozesse stumpf. Bei einer Instandsetzung im Jahr 2005 entdeckten die Restauratoren einige Geheimnisse. Sie stellten fest, dass die Kugel aus 50 Bronzeplatten unterschiedlicher Größe besteht und dass sich in jeder der vier Himmelsrichtungen ein Schlitz im Metall befindet, durch den Tageslicht ins Innere fällt. Außerdem kam unter einer dicken Schicht von Staub und Patina eine Gravur zum Vorschein: Am 18. November 1593 hatte der Architekt Giacomo Della Porta die Kugel samt darauf montiertem Kreuz auf die Laterne des Petersdoms heben lassen. Damit vollendete er in 119 Meter Höhe die von Michelangelo begonnene Kuppel. Als Zeichen dieses Erfolges ließ der Meister seine Signatur in die Oberfläche punzen. Sein Sohn Paolo, der bei der Arbeit geholfen hatte, verewigte sich gleich mit.

Früher konnten Besucher des Petersdoms über eine schmale Eisenleiter in die Kugel klettern. Dafür mussten sie schwindelfrei sein, durften keine Platzangst haben oder zu dick sein. So berichtete der Autor Charles de Lorbac Mitte des 19. Jahrhunderts, dass vor seinen Augen ein Deutscher in der engen Einstiegsöffnung stecken blieb – die Hälfte seines massigen Körpers innerhalb der Kugel.

Seit den 1950er Jahren ist der Aufstieg aus Sicherheitsgründen untersagt.

Adresse Petersdom | **Tipp** Die Kuppel des Petersdoms hat von einer kleinen, etwa zwei Kilometer vom Vatikan entfernten Straße aus etwas geradezu Magisches. Vom Ende der Via Niccolò Piccolomini aus gesehen wirkt sie, als wäre sie in unmittelbarer Nähe. Doch wenn man ihr entgegengeht, sieht es aus, als würde sie immer kleiner. Entfernt man sich hingegen, wird die Kuppel wieder größer – eine geniale optische Täuschung! Via Niccolò Piccolomini, 00165 Rom, mit Bus 982 ab Piazza del Risorgimento.

17 Die Graffiti der Plünderer

Vor einem halben Jahrtausend wurden Bilder getötet

Ab 1521 kämpften das von Karl V. regierte Spanien und das von Franz I. beherrschte Frankreich um die Macht in Oberitalien. Papst Clemens VII. wollte der lachende Dritte sein und beanspruchte das Herzogtum Mailand für sich. Sechs Jahre und einige Schlachten später war noch immer keine Lösung in Sicht. Doch Karls protestantische Söldnertruppen in Norditalien wurden langsam sauer. Sie waren seit längerer Zeit nicht mehr regelmäßig bezahlt worden und mussten sich selbst versorgen. Das Heer meuterte und wurde zu einer 30.000-köpfigen Räuberbande, die Richtung Rom zog, um vom Papst die ausstehende Summe zu erpressen.

Anfang Mai 1527 überrannten die Truppen die schwachen römischen Befestigungsanlagen, zerstörten weite Teile der Stadt, legten Feuer und töteten Zehntausende Einwohner. Nichts und niemand wurde verschont. Die Landsknechte plünderten Paläste, Kirchen und die Särge von Päpsten.

Doch als sie den Vatikan stürmten, war Clemens VII. längst über den Passetto (s. Seite 74) in die Engelsburg geflohen. Weil sie ihn nicht haben konnten, erstachen die Söldner stellvertretend Figuren in den Fresken der Raffael-Stanzen. Dem Porträt von Papst Sixtus IV. brachen sie mit einer Hellebarde das Kinn heraus, Papst Julius II. zerstachen sie ein Auge. Sie ritzten die Namen Karls V. und Luthers in die Wände. Und auch in der Sockelzone der Stanza della Segnatura sind die Spuren der Verwüstung noch deutlich zu erkennen.

Adresse Stanza della Segnatura, Raffael-Stanzen, Vatikanische Museen | **Tipp** Auch in der Villa Farnesina (mit Fresken Raffaels ausgestattet – heute ein Museum) im römischen Stadtteil Trastevere sind Einritzungen der Plünderer erhalten geblieben (Via della Lungara 230, 00165 Rom, Mo – Sa 9 – 14 Uhr geöffnet).

18 Gregors Drachen

Die Tiere im Petersdom

Wer die zahllosen Skulpturen, Mosaike, Grabmäler und architektonischen Details des Petersdoms in ihrer Gesamtheit betrachten möchte, steht vor einer fast unlösbaren Aufgabe. Kein Wunder, dass kaum einem Besucher auffällt, wie viele Tiere in dieser Basilika dargestellt wurden. Es sind ganze 2.500, darunter Pferde, Hunde, Delfine, Fledermäuse, Geckos, Eidechsen, Schweine, Salamander und ein Kamel. Erstaunlicherweise ist nur eine einzige Katze abgebildet. Sie schaut im rechten oberen Relief der Porta Sancta (der Eingangstür, die nur in Heiligen Jahren geöffnet wird) schüchtern hinter einem Vorhang hervor.

Selbstbewusst brüllt dagegen der Drache am Grabmal Gregors XIII. (Pontifikat 1572–1585). Er gehört zum Wappen der Familie Boncompagni, aus der dieser Papst stammt. Hinter dem Ungeheuer diskutiert eine Gruppe Gelehrter mit einem Globus. In ihrer Mitte sitzt der Papst und gibt Anweisungen. Diese Szene erinnert an die Kalenderreform, die Gregor XIII. verfügte.

Zu Beginn seines Pontifikats galt noch der nach Julius Cäsar benannte julianische Kalender. Doch dieser war gegenüber der wirklichen Jahresdauer um 11 Minuten und 14 Sekunden zu lang. Gregor sorgte dafür, dass das gemessene Jahr wieder dem astronomischen entsprach, und ließ die bereits aufgelaufenen überzähligen zehn Tage aus dem Kalender entfernen. Dadurch folgte auf Donnerstag, den 4. Oktober, gleich Freitag, der 15. Oktober 1582.

Adresse Petersdom, rechtes Kirchenschiff, kurz vor dem Vierungspfeiler auf der rechten Seite | Tipp Zur Vorbereitung der Kalenderreform ließ Gregor XIII. einen Turm für astronomische Beobachtungen bauen. Damit gründete er die Vatikanische Sternwarte. Der 73 Meter hohe Torre dei Venti (Turm der Winde) wurde 1580 fertiggestellt und später in die Päpstliche Bibliothek integriert. Heute gehört das Observatorium zur Ausstellungsfläche der Vatikanischen Museen. Vom Cortile della Pigna und aus den Vatikanischen Gärten ist er gut zu sehen.

19 Der gute Papst

Ein unversehrter Heiliger

Bei seiner Wahl im Jahr 1958 galt der 77-jährige Angelo Roncalli als ungefährlicher Übergangspapst. Während seiner fünf Jahre auf dem Stuhl Petri stellte er als Johannes XXIII. jedoch mehr auf den Kopf, als manchem in der Kurie lieb war. Der mit zwölf Geschwistern aufgewachsene Bauernsohn schaffte nicht nur Rituale ab, die Päpste wie Monarchen behandelten, sondern ging in Krankenhäuser und Gefängnisse, lud Mitarbeiter zum Essen ein und gewann mit seiner jovialen Art die Sympathien des Volkes. So scherzte er nach dem Amtsantritt: »Ich bin zwar jetzt unfehlbar, gedenke aber nicht, davon Gebrauch zu machen.« Seine Widersacher stöhnten auf, als er das zweite Vatikanische Konzil einberief, auf dem Bischöfe aus 133 Ländern die Erneuerung der katholischen Kirche diskutierten. Es begann 1962, wenige Monate später starb der Pontifex.

Über eine Million Menschen strömten zum Petersdom, um Abschied zu nehmen. Doch erst Johannes Paul II. sprach den »papa buono« im Jahr 2000 selig. Kurz darauf wurde der Körper aus seinem Grab in die Grotten des Petersdoms geholt. Dank professioneller Präparation vor der Beerdigung waren Körper und Kleidung 38 Jahre lang fast unversehrt geblieben. Der Leichnam wurde in einen gläsernen, klimatisierten Sarg mit keimtötendem Stickstoffgemisch umgebettet, sein Gesicht mit Wachs überzogen. Seitdem und erst recht nach der Heiligsprechung (2014) ist er Pilgerstätte und makabre Touristenattraktion zugleich.

Adresse Petersdom, vom Hauptschiff aus rechts | **Tipp** Zwei weitere Päpste liegen im Petersdom in Glassärgen, der selige Innozenz XI. (Papst von 1676–1689) und der heilige Pius X. (1903–1914).

20 Die Haut des Apostels

Die Leiden Michelangelos

Wer »Das Jüngste Gericht« in der Sixtinischen Kapelle betrachtet, entdeckt rechts unterhalb der zentralen Jesusfigur den Apostel Bartholomäus. Dieser wurde der Überlieferung nach lebendig gehäutet. Interessanterweise pinselte Michelangelo der Haut seine eigenen Gesichtszüge auf. Damit spielte er auf seine größte Niederlage an.

Im Jahr 1505 plante Papst Julius II. sein künftiges Grabmal. Dieses sollte monumental werden. Er ließ Michelangelo aus Florenz kommen und bot ihm die enorme Summe von 10.000 Golddukaten. Der bereits berühmte Künstler hatte fünf Jahre zuvor für seine Pietà nur 350 Dukaten kassiert. Nun ließ er andere Aufträge unvollendet, zeichnete einen Entwurf und verbrachte den Winter in den Marmor-Steinbrüchen von Carrara, um ideale Blöcke zu sägen. Doch in der Zwischenzeit machte der Papst neue Pläne: Weil für das riesige Grabmal nicht genug Platz im alten Petersdom war, legte er das Projekt auf Eis und beschloss, erst eine neue Kirche zu bauen. Er strich Michelangelo das Geld, sodass dieser Schulden machen musste, um den Marmor und seine Arbeiter zu bezahlen. Wütend flüchtete der Künstler nach Florenz und kehrte erst zwei Jahre später zurück. Doch da ließ ihn der Papst das Gewölbe der Sixtinischen Kapelle ausmalen.

Insgesamt war Michelangelo 40 Jahre mit dem Julius-Grabmal beschäftigt und realisierte es schließlich in einer sehr abgespeckten Form. Es steht in der Kirche S. Pietro in Vincoli.

Adresse Sixtinische Kapelle, Zugang ausschließlich über die Vatikanischen Museen | **Tipp** Julius II. fand seine letzte Ruhe schließlich unter einem der schlichtesten und am wenigsten beachteten Grabmäler im Petersdom. Mit den Überresten seines Onkels, Papst Sixtus IV., wurde er unter einer einfachen Marmorplatte beigesetzt (zu Füßen des Monuments für Papst Clemens X.). Sein von Michelangelo geschaffenes (stark reduziertes) Grabmal steht in der Kirche S. Pietro in Vincoli, Piazza di San Pietro in Vincoli 4a, 00184 Rom.

21 Der heilige Andreas

Störmanöver eines Genies

In den 1630er Jahren wurde in Rom auf vielen Baustellen fieberhaft gearbeitet. Auch im Petersdom. Dort sollten unter anderem die vier wichtigen Reliquien (Körperteile oder persönliche Gegenstände von Heiligen) in den Vierungspfeilern inszeniert werden. Zur Dekoration der Nischen waren vier Marmorskulpturen vorgesehen.

Um die Arbeit daran zu beschleunigen, bekamen vier Bildhauer die Aufträge: Der Flame François Duquesnoy sollte den heiligen Andreas schaffen, Francesco Mochi die heilige Veronika. Natürlich war auch Gianlorenzo Bernini dabei, um die Figur des Longinus zu skulptieren sowie Berninis Schüler Andrea Bolgi für die Statue der heiligen Helena. Die Überwachung des Projektes lag bei Bernini. Doch der gab sich so arrogant, dass es schnell zu Stress mit Mochi und Duquesnoy kam. Er sah beide als ernst zu nehmende Konkurrenten und ließ keine Gelegenheit aus, um ihnen das Leben schwer zu machen. Als ein Gipsmodell in Originalgröße für die Andreas-Skulptur vom Petersdom zur Werkstatt transportiert wurde, kam es zum Beispiel zu einem mysteriösen »Unfall«, bei dem es zerbrach. Auch die Marmorlieferungen für die Kollegen verzögerten sich immer wieder. Bernini behauptete, nicht schuld daran zu sein. Doch Mochi bekam erst Material, nachdem die anderen Künstler bereits seit Monaten an ihren Werken arbeiteten.

Wegen solcher Machtspielchen waren erst Anfang der 1640er Jahre alle Skulpturen fertig.

Adresse Petersdom, Nischen der Vierungspfeiler | **Tipp** In der Sebastianskapelle im rechten Kirchenschiff ruht der 2014 heiliggesprochene Johannes Paul II. hinter einer weißen Grabplatte. Im linken Seitenschiff liegt seit 1952 Pius X. (Papst von 1903–1914) in einem Glassarg. Er trägt Pontifikal-Gewänder, Gesicht und Hände sind mit Metall überzogen.

22 Die heiligen Mauern

Grenzverlauf des Vatikanstaates

Wer den Vatikan in durchschnittlicher Spaziergeschwindigkeit umrundet, braucht dafür ungefähr 40 Minuten. Der Grenzverlauf könnte nicht unterschiedlicher sein. Wenn zu den Generalaudienzen, Angelusgebeten oder kirchlichen Hochfesten wie zu Ostern zahllose Menschen auf den Petersplatz strömen, hat der Vatikan gerne mal auf einen Schlag 100.000 Touristen. Ohne dass diese überhaupt wissen, dass sie eine Staatsgrenze überqueren. Denn kaum jemand von ihnen bemerkt das Travertin-Band, das sich auf dem Boden zwischen den prächtigen Kolonnaden entlangschlängelt und den Übergang zwischen italienischem und vatikanischem Gebiet markiert. Auch am Eingang zu den Vatikanischen Museen wird weder der Pass kontrolliert, noch gibt es einen Zoll oder Grenzschilder.

Ansonsten gleicht der Kirchenstaat jedoch einer mittelalterlichen Festung. Wer den Schweizergardisten an den Eingängen keinen triftigen Grund nennen kann, bleibt draußen. Selbst Priester und Bischöfe müssen sich ausweisen.

Den Mini-Staat umgibt eine wuchtige, dreieinhalb Kilometer lange Mauer, die an ihrer höchsten Stelle fast 20 Meter hoch ist. Das entspricht ungefähr einem fünfgeschossigen Wohnhaus. Der Verlauf des Bollwerks entspricht nicht in jedem Fall der Staatsgrenze. Der Sitz der Glaubenskongregation, der deutsche Friedhof und ein Teil der Audienzhalle gehören zum Beispiel zum Kirchenstaat, liegen aber in Italien.

Adresse Mauerverlauf unter anderem: Via di Porta Angelica, Piazza del Risorgimento, Viale del Vaticano | **Tipp** Wer von der Metrostation Ottaviano kommend auf der Via di Porta Angelica in Richtung Petersplatz unterwegs ist und sich nicht weiter als anderthalb Meter von der Mauer entfernt, befindet sich bereits auf Vatikangelände.

23 Das höchste Klo

Für alle Bedürfnisse

Der Blick von der Galerie über der Kuppel des Petersdoms ist zweifellos atemberaubend. Doch auf dem langen und nicht ganz unanstrengenden Fußweg dorthin können schon mal Bedürfnisse der unterschiedlichsten Art entstehen. Kaum einer der Tausenden Besucher, die täglich die 551 Stufen bezwingen, ahnt, dass nach halber Strecke, auf dem Dach des Petersdoms, ein kleiner Kosmos der Annehmlichkeiten wartet.

Neben der höchsten Toilette des Vatikans stehen den Gästen ein Trinkwasserbrunnen, eine Cafeteria und sogar ein Devotionalien-Shop zur Verfügung. Wer den weiteren Weg nach oben nicht ohne einen neuen Rosenkranz, einen Fingerhut mit Heiligenbild, eine neue Weihnachtskrippe, Poster des amtierenden Papstes oder einem seiner Vorgänger antreten möchte, kann sich hier nach Herzenslust eindecken und dann frisch gestärkt den weiteren Aufstieg wagen.

Doch auch all jene, die angesichts der Höhe, des besonderen Ortes und des bereits an dieser Stelle umwerfenden Ausblicks auf die Ewige Stadt an die Lieben daheim denken und ihnen mehr als den üblichen Gruß per MMS schicken möchten, werden in diesem überraschend großen Laden fündig. Denn der von katholischen Schwestern geführte Shop bietet nicht nur Postkarten mit frommen, klassischen oder kitschigen Motiven an, sondern auch Briefmarken. Die Postkarten können dann direkt vor der Tür des Ladens in den höchstgelegenen vatikanischen Briefkasten überhaupt geworfen werden.

Adresse Dach des Petersdoms, erreichbar über dessen Vorhalle, dort bitte nach rechts zur Kuppel abbiegen und entweder den Fahrstuhl nehmen (endet auf dem Dach) oder zu Fuß gehen | **Tipp** Für den kleinen Hunger nach dem Abstieg empfiehlt sich La Dolce Maniera in der Via Barletta 27. Dort gibt es Brötchen, Kuchen und kleine herzhafte Snacks zu sehr moderaten Preisen. Obst und schnelle Snacks bietet der Mercato Trionfale: Via la Goletta 1, 00192 Rom, geöffnet Mo – Fr 7 – 14 Uhr (Di, Fr bis 19 Uhr).

24 Die kleine große Nische

Eine modellierte Erinnerung

Obwohl er sich bester Gesundheit erfreute, gab Papst Alexander VII. wenige Monate nach seiner Thronbesteigung im Jahr 1655 sein eigenes Grabmal in Auftrag. Das erscheint makaber, hatte aber einen strategischen Grund: Er wollte bestimmen, wie man sich an ihn erinnern würde. Dafür engagierte er den berühmtesten (und teuersten) Künstler seiner Zeit: Gianlorenzo Bernini. Er konnte sich auf seinen Lieblingsbildhauer verlassen. Denn obwohl Alexanders Pontifikat von Misserfolgen und Günstlingswirtschaft geprägt war, zeichnet sein Grabmal ein völlig anderes Bild.

Die Nische im linken Querschiff ist so klein, dass es undenkbar gewesen wäre, ein großes Monument zu errichten. Doch Bernini löste das Problem meisterlich. Er stellte Alexander VII. kniend dar: im Gebet versunken und mit demütig abgelegter Tiara. Würde sich der Pontifex erheben, stieße er an die Himmelskuppel an. Das zeigt dem Betrachter eindrucksvoll, wie nah dieser Mann dem Göttlichen war. Obendrein umgeben ihn vier Tugend-Allegorien: Caritas (Wohltätigkeit), Justitia (Gerechtigkeit), Fortitudo (Stärke) und Prudentia (Klugheit).

Durch die etwas versetzte Anordnung erscheint die Nische viel tiefer, als sie in Wirklichkeit ist. Der Tod in Form eines Skelettes kämpft sich unter einem schweren Jaspistuch hervor. Mühsam hält er sein Stundenglas empor. Und es ist unsicher, ob er angesichts dieses besonderen Papstes überhaupt erfolgreich sein wird.

Adresse Petersdom, südliches (linkes) Querschiff | **Tipp** Unter dem verzweifelt nach oben strebenden Gerippe befindet sich eine unscheinbare Holztür. Sie führt in einen Vorraum, von dem aus Priester, besondere Gäste und Rollstuhlfahrer den Petersdom betreten und verlassen können. Von hier aus fährt auch ein Lastenaufzug nach oben. Dort befinden sich Arbeitsräume der Restauratoren und das Archiv der Dombauhütte, in dem über ein halbes Jahrtausend Baugeschichte mit all ihren Plänen, Erfolgen und Rückschlägen lagert.

25 Die kleinen Kuppeln

Unterschätzte Pracht

Jeder kennt die mächtige Kuppel des Petersdoms. Aus welcher Richtung man sich dem römischen Stadtzentrum auch nähert – sie thront als unverkennbares Wahrzeichen über der Stadtsilhouette. Auch ihre Ausmaße beeindrucken: Das größte freitragende Ziegelbauwerk der Welt wiegt 56.000 Tonnen. Diese lasten auf vier fünfeckigen Pfeilern mit einem Umfang von je 71 Metern. Bis zur Kreuzspitze ist sie 140 Meter hoch.

Ursprünglich war geplant, die Basilika mit Kreuzkuppel-System zu bauen. Dabei wäre die Hauptkuppel als zentrales Element von vier kleineren Kuppeln umgeben gewesen, welche die Seitenschiffe rund um die Vierung bekrönt hätten. Doch nach dem Bau der ersten beiden waren die Baukosten bereits derart explodiert, dass die anderen beiden gestrichen wurden.

Nur wenige bemerken, dass das Langhaus von sechs weiteren Kuppeln überwölbt wird. Sie sind mit Mosaiken in den von der mittelalterlichen Mystik bevorzugten Farben Gold, Rot und Blau gestaltet. In den Tambouren lassen jeweils acht Fenster das Tageslicht herein. Rund um die ovalen Öffnungen zur Laterne (dem turmartigen Aufsatz an der höchsten Stelle der Kuppel) stehen in großen goldenen Buchstaben lateinische Verse aus den Evangelien. Im Vestibül zum Beispiel »Wer da glaubet und getauft wird, der wird selig werden«. Der Text ginge weiter: »Wer aber nicht glaubt, der wird verdammt werden.« Doch für diese strenge Mahnung blieb zum Glück kein Platz mehr.

Adresse Vestibül und Langhaus des Petersdoms | **Tipp** Beim Bau der Petersdom-Kuppel hatten die Architekten immer die bis dahin größte römische Kuppel im Auge, die des Pantheons. Mit 86 Zentimetern mehr Durchmesser behielt diese auch die Nase vorn. Dafür ist die des Petersdoms 43,20 Zentimeter höher. Wenn Sie einen direkten Vergleich des Raumgefühls anstellen möchten Pantheon, Piazza della Rotonda, 00186 Rom.

26 Die knackigsten Wächter

Zu schön für Engel des Todes

Eigentlich verbietet es sich, Skulpturen in einer Kirche auf ihre Attraktivität hin zu untersuchen. Doch wer im Petersdom vor dem schneeweißen Marmor-»Grabmal der letzten Stuarts« steht, kann nicht anders, als die Todesengel, die dessen Scheintür zum Jenseits bewachen, mit einem faszinierten Blick zu taxieren: Die wohlgeformten Beine, knackigen Hintern und durchtrainierten Bäuche sind einfach beneidenswert perfekt.

Die überirdisch schönen Wächter wurden von dem Italiener Antonio Canova (1757–1822) geschaffen. Der Steinmetzsohn war mit 14 Jahren in Venedig zu einem Bildhauer in die Lehre gegangen, hatte sich mit 18 selbstständig gemacht und zog im Alter von 22 Jahren nach Rom, wo er zunächst als Gast des venezianischen Botschafters lebte und antike Kunst studierte. Der große Durchbruch gelang ihm 1787 mit der Enthüllung des Grabmals für Papst Clemens XIV. (auch im Petersdom). Der Künstler hatte so intensiv daran gearbeitet, dass er durch den permanenten Druck eines Bohrers gegen seine Brust eine schwere Rippendeformation erlitt und seitdem nur noch unter Schmerzen arbeiten konnte. Doch Canova, der weiterhin unvergängliche Schönheit in Marmor verewigte, wurde weit über die Grenzen Italiens hinaus berühmt. Bereits zu Lebzeiten setzte man ihm Denkmäler.

Das »Grabmal der letzten Stuarts« erinnert an König James III. und seine beiden Söhne, Charles und Henry, die in Rom im Exil gelebt hatten.

Adresse Petersdom, linkes Schiff des Langhauses, dort auf der rechten Seite | **Tipp** Direkt gegenüber ist das Denkmal für Maria Clementina Sobieski, die Gattin von König James III. und Mutter von Charles und Henry. Die Enkelin des letzten polnischen Königs war 1718, als 16-Jährige, von Polen nach Rom gereist, um den dort im Exil lebenden englischen Thronanwärter James Stuart (1688–1766) zu heiraten. 1735 starb sie im Alter von nur 33 Jahren.

27 Der kniende Engel

Schönheit zum Verbrennen

Er sieht zart und fragil aus. Dennoch überlegt der Betrachter vielleicht, warum ein Engel mit einer abgeplatzten Nase, einer Schulter, aus der das Stroh quillt, und einem Flügel aus simplem Draht auf einem derart repräsentativen Platz im Ikonensaal der Pinakothek steht. Tatsächlich ist diese Skulptur eine Kostbarkeit von unschätzbarem Wert.

Im Jahre 1629 hatte Papst Urban VIII. den Künstler Gianlorenzo Bernini mit der Gestaltung eines Tabernakels samt zweier kniender Engel für die Sakramentskapelle im Petersdom beauftragt. Doch es dauerte mehr als 40 Jahre, bis das Projekt unter einem anderen Papst wieder aufgegriffen wurde. Erst zum Weihnachtsfest 1674 konnte das prunkvolle Kunstwerk eingeweiht werden.

Zur Gestaltung der Engel fertigte Bernini zunächst eine Grundform aus Stroh, Weidenruten und Draht an, umgab diese mit Ton und modellierte die Skulptur nach seinen Vorstellungen. In der Gießerei wurde die Form in Gips abgenommen und mit Wachs ausgegossen, um den weiteren Herstellungsprozess vorzubereiten. Das ursprüngliche Modell hatte dann üblicherweise ausgedient und wurde verbrannt. Niemand weiß, warum ausgerechnet dieser Engel der Zerstörung entging und dreieinhalb Jahrhunderte überlebte. Aber dass es so ist und dass das wertvolle Stück anschließend liebevoll restauriert wurde, erlaubt einen unschätzbaren Einblick in die Arbeitsweise des berühmtesten Bildhauers des 17. Jahrhunderts.

Adresse Sala delle Icone, Pinakothek, Vatikanische Museen | Tipp Die Sakramentskapelle des Petersdoms, in der Sie den aus diesem Modell entstandenen Bronzeengel bewundern können, finden Sie im rechten Kirchenschiff circa auf halbem Weg zwischen Michelangelos Pietà und der Vierung. Eine vorbereitende Kreidezeichnung des Engels (1673) wird im Museum der bildenden Künste in Leipzig aufbewahrt.

28 Laokoon

Ein alter neuer Arm

Am 14. Januar 1506 stößt ein römischer Bauer in seinem Weinberg auf eine unterirdische Kammer. Darin entdeckt er eine überlebensgroße Skulpturengruppe: Ein muskulöser, bärtiger Mann und zwei Knaben kämpfen verzweifelt gegen Riesenschlangen. Wie vorgeschrieben informiert der Bauer sofort den Papst.

Julius II. schickt nach seinem obersten Baumeister und Denkmalpfleger Giuliano da Sangallo. Als der in Begleitung Michelangelos zum Fundort kommt, sind sich beide einig: »Das ist der Laokoon!« Tatsächlich ist das Werk aus der antiken Literatur bekannt. Plinius der Ältere hatte es im 1. Jahrhundert beschrieben. Es erzählt vom Kampf um Troja. Nach langer Belagerung hatten die Griechen ein großes Holzpferd vor dessen Stadtmauern zurückgelassen. Der Priester Laokoon warnte vor dem verdächtigen Geschenk. Wütend schickte Kriegsgöttin Athene zwei Schlangen, die ihn und seine Söhne erwürgten.

Julius II. lässt den Sensationsfund im Belvedere-Hof des Vatikans aufstellen. Doch einige Teile fehlen, wie der rechte Arm Laokoons. Ein Schüler Michelangelos meißelt eine Prothese – ausgestreckt und kämpferisch. Damit sie passt, trennt er ein Stück Schulter ab. Nach Napoleons Einmarsch in Rom wird die Skulptur nach Paris gebracht und bekommt dort einen anderen Arm. 1905 findet ein deutscher Archäologe das angewinkelte Original in einer römischen Steinmetzwerkstatt. Doch erst 52 Jahre später sind die Wissenschaftler von seiner Echtheit überzeugt.

Adresse Cortile del Belvedere, Vatikanische Museen | **Tipp** Michelangelo war so fasziniert vom Laokoon, dass er ihm den Körper der Jesusfigur in seinem Fresko »Das Jüngste Gericht« in der Sixtinischen Kapelle nachbildete. Der Kopf Jesu erinnert an den des Apoll vom Belvedere. Dessen Original steht ebenfalls im Cortile del Belvedere.

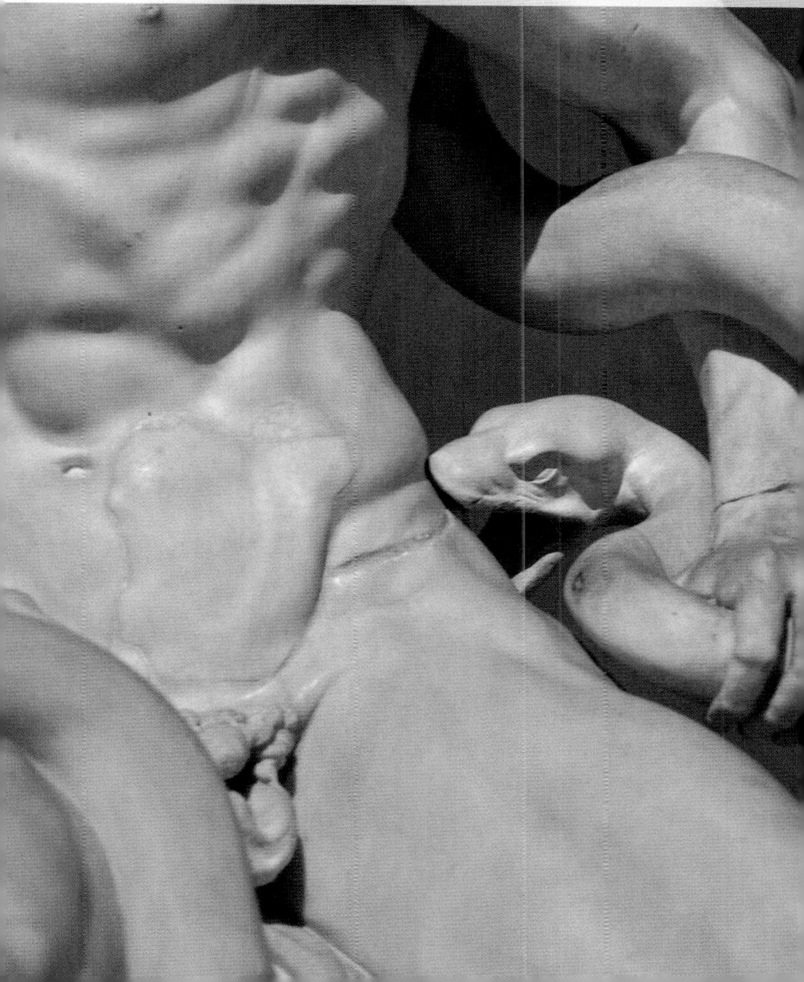

29 Die Madonna della Bocciata

Das geschwollene Gesicht der Muttergottes

Nur wenige Meter sind es vom Altar in der Mitte des Petersdoms zum unterirdischen Totenreich. Vom Longinus-Pfeiler aus geht es hinab in die Vatikanischen Grotten. Sie liegen auf dem Niveau der früheren Basilika und wurden zur Unterkirche, weil man den Petersdom auf die Überreste von Alt-St. Peter setzte und dadurch ein Hohlraum entstand.

In den Grotten liegt der Untergrundfriedhof der Basilika; viele steinerne Sarkophage reihen sich aneinander: Sie dienen als Ruhestätten für über 20 Päpste sowie einige Monarchen und Kardinäle. Sonderlich still geht es aber nicht zu, die Krypta ist ein touristisches Massenziel. Vor allem vor dem Petrusgrab scharen sich die Besucher.

Eine besondere Geschichte erzählt die älteste Kapelle ganz in dessen Nähe. Dort hängt ein Fresko des italienischen Malers Pietro Cavallini (1250 oder 1259–1330). Es zeigt die Jungfrau Maria mit ihrem Kind. Die Madonna hat eine stark geschwollene Wange. Und natürlich rankt sich darum eine Legende: Früher befand sich das Fresko in der Vorhalle der alten Peterskirche. Mitte des 15. Jahrhunderts soll ein betrunkener Soldat wütend einen Stein nach dem Kunstwerk geworfen haben, nachdem er viel Geld beim Spiel verloren hatte. Daraufhin habe das gemalte Gesicht der Muttergottes heftig geblutet. Als das Gebäude Anfang des 16. Jahrhunderts abgerissen wurde, kam das Bild in die Grotten und war seitdem Gegenstand großer Verehrung.

Adresse Vatikanische Grotten, Cappella della Bocciata, Eingang vom Petersdom aus am Longinus-Pfeiler der Vierung | Öffnungszeiten nach der Morgen-Andachten (circa 9 Uhr) bis 17 Uhr | Tipp Welcher Teil der Grotten zugänglich ist, ändert sich häufiger und richtet sich nach der Besucherzahl. Ist der Andrang zu groß, werden Sie auf einer sehr kurzen Route durch die Ringkrypta am Petrusgrab sowie den anderen Kapellen rund um dieses vorbei- und dann schnell wieder nach oben geleitet.

30 Die Mosaike

Steinchen für die Ewigkeit

Zehntausend Quadratmeter Wandfläche sind im Petersdom mit prächtigen Darstellungen geschmückt. Doch unter den zahlreichen Altarbildern, Decken-, Wand- und Kuppelverzierungen gibt es nur ein einziges Gemälde. Es zeigt die Heilige Dreifaltigkeit und hängt in der Sakramentskapelle (rechtes Kirchenschiff auf halbem Weg vom Eingang zur Vierung). Alle anderen Bilder sind raffinierte Mosaik-Kopien. Die Originale waren nach 1720 ausgetauscht worden, weil ihnen die hohe Luftfeuchtigkeit in der früher unbeheizten Basilika zu schaffen machte.

Die päpstliche Manufaktur, die schon seit Beginn des 16. Jahrhunderts wunderbare Werke aus kleinen Steinchen schuf und später die Gemälde der Peterskirche nachbildete, gibt es noch heute. Zwölf Mosaizisten restaurieren die Werke im Petersdom. Von den Besuchern werden sie in der Regel kaum wahrgenommen.

Bei ihrer Arbeit können sie auf die immense Vielfalt von 28.000 Farben zurückgreifen. Fehlt dennoch ein ganz bestimmter Farbverlauf, stellen sie ihn in einem 800 Grad heißen Spezialofen selbst her. Dafür wird zunächst ein langer Streifen »gesponnen« und dieser nach dem Aushärten in Steinchen geschnitten. Die Manufaktur kreiert aber auch kleinere Kunstwerke, die der Papst hochrangigen Gästen schenkt – altrömische Motive, typische Vatikan-Ansichten mit Obelisk und Petersdom oder farbig leuchtende impressionistische Werke und vor allem natürlich religiöse Motive.

Adresse Petersdom | **Tipp** Wer ein besonders ausgefallenes Präsent sucht, kann die Mosaikwerkstatt auf Anmeldung besuchen. Auch Künstlern, die eine ihrer Arbeiten in Mosaik ausgeführt haben möchten, steht die Werkstatt offen. Beides ist jedoch nicht ganz günstig (Studio del Mosaico, 00120 Città del Vaticano, Anmeldungen unter mosaico.vaticano@fsp.va, Fax 0039/00669885518).

31 Der Obelisk

Sonnenuhr mit Geschichte

Der Obelisk gehört so untrennbar zum Petersplatz wie die Kuppel zur Kirche. Er ist zentraler Treffpunkt, aber auch der Zeiger einer riesigen Sonnenuhr. Kaiser Caligula ließ den 322 Tonnen schweren Monolithen aus Ägypten nach Rom bringen und 37 nach Christus im Zirkus aufstellen. Dort, wo 30 Jahre später Petrus gekreuzigt worden sein soll. Im 4. Jahrhundert verschwand der Zirkus, doch der Obelisk blieb – als stummer Zeitzeuge des Martyriums.

Als er den Neubau des Petersdoms behinderte, wurde er 1586 erneut versetzt. Für Papst Sixtus V. eine heikle Sache, denn viele Experten glaubten, dass der Granit zerbrechen würde. Die Aktion dauerte drei Monate: Mit einem Holzgerüst, 40 Seilwinden und bis zu 900 Arbeitern wurde der 25 Meter hohe Stein umgelegt und dann über Rollen zum Petersplatz transportiert. Trompetensignale ermöglichten ein Arbeiten im Gleichtakt. Alle, vom Hilfsarbeiter bis zum Kardinal, waren unter Androhung harter Strafen zur Unterstützung verpflichtet.

Am 10. September kam halb Rom auf den Petersplatz, um beim Aufrichten des Obelisken zuzuschauen. Pferde und Winden setzten sich in Bewegung. Plötzlich drohten einige der gespannten Taue zu reißen. Doch auf Zwischenrufe stand die Todesstrafe. Schließlich schrie ein ligurischer Seemann: »Wasser auf die Seile.« Man kühlte sie sofort, die Katastrophe war abgewendet. Und der Seemann wurde natürlich nicht bestraft, sondern zum Kapitän und Hoflieferanten für Palmzweige ernannt.

Adresse Petersplatz | **Tipp** Unter dem Obelisken befindet sich eine 15 Meter hohe Basis. Der gewaltige Stein ruht auf vier bronzenen Löwen, dem Wappentier Sixtus V. Damit spielte der Papst auf die große Last an, die er als Stellvertreter Christi zu tragen habe.

32 Die Orgeln

Nicht eine, sondern ganze fünf

Eine Kirche ohne Orgel ist unvorstellbar. Das Instrument begleitet nicht nur Gesänge, sondern sorgt auch für eine festliche Stimmung. Allein die Größe des Petersdoms lässt vermuten, dass hier ein Prachtexemplar zu finden ist. Aber weit gefehlt. Bei der Weihe im Jahr 1626 entsprach es der üblichen Praxis, dass von mehreren Emporen herab musiziert wurde. Dementsprechend installierte man drei kleinere Orgeln an den Vierungspfeilern und dann eine weitere in der Tornabuoni-Kapelle.

In den folgenden Jahrhunderten gab es immer wieder Ideen für repräsentative Orgeln, die allesamt scheiterten. 1875 startete der berühmte Orgelbauer Aristide Cavaillé-Coll, der zuvor bewunderte Instrumente für St. Sulpice und Notre-Dame in Paris gebaut hatte, einen neuen Vorstoß. Er verhandelte erst mit Papst Pius IX., dann mit dessen Nachfolger Leo XIII., baute ein Modell im Maßstab 1:10 und starb schließlich, ohne das Projekt verwirklicht zu haben. Auch die Vorschläge weiterer namhafter Orgelbauer scheiterten. Schließlich wurde von 1953 bis 1962 von einer italienischen Firma eine zweigeteilte Orgel gebaut, die sich links und rechts der Apsis befindet.

Insgesamt verfügt der Petersdom heute über fünf Instrumente, die alle etwas unterdimensioniert erscheinen. Doch es gibt ohnehin keine Konzerte, für die eine monumentale Solo-Orgel nötig wäre. Und weil während der Liturgien hauptsächlich gesungen wird, reichen die vorhandenen Orgeln bislang aus.

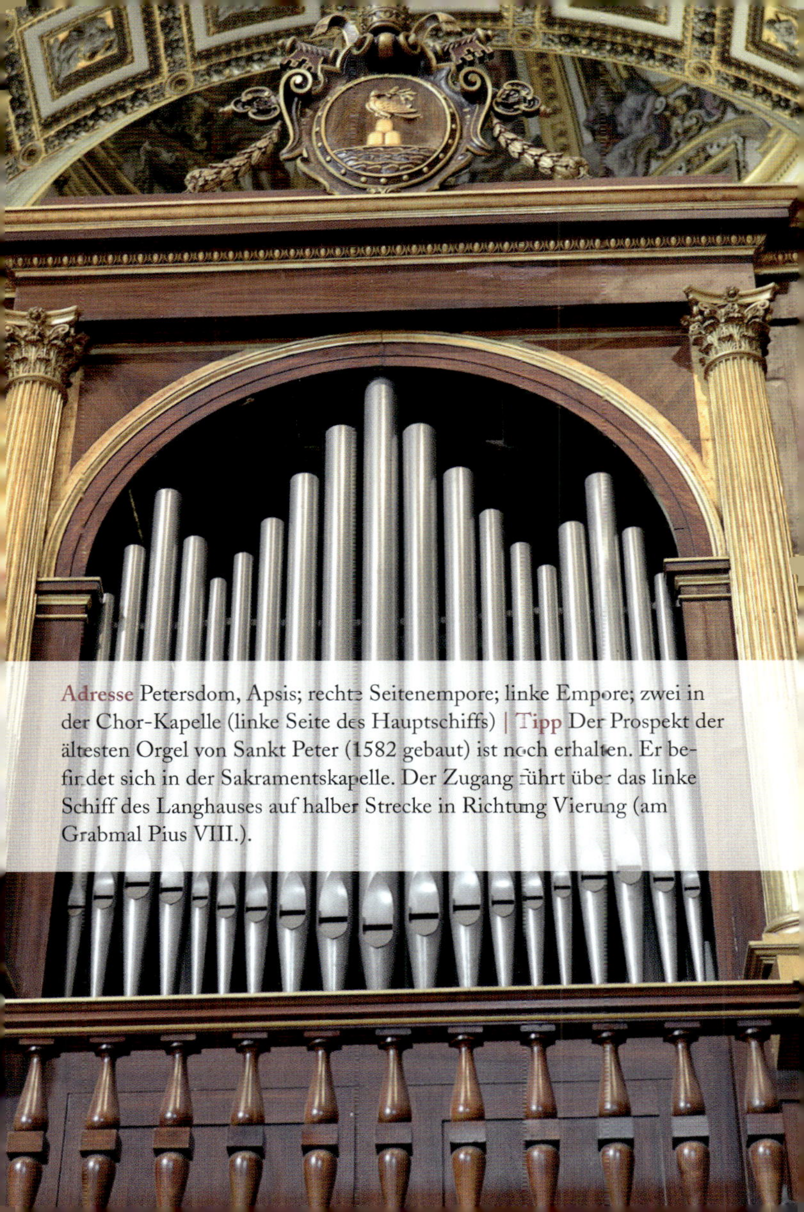

Adresse Petersdom, Apsis; rechte Seitenempore; linke Empore; zwei in der Chor-Kapelle (linke Seite des Hauptschiffs) | **Tipp** Der Prospekt der ältesten Orgel von Sankt Peter (1582 gebaut) ist noch erhalten. Er befindet sich in der Sakramentskapelle. Der Zugang führt über das linke Schiff des Langhauses auf halber Strecke in Richtung Vierung (am Grabmal Pius VIII.).

33 Das Papst-Segen-Büro

Gute Wünsche von ganz oben

Manchmal möchte man nicht nur ein freundliches Schulterklopfen von Freunden, sondern deutlich mächtigere gute Wünsche. Sozusagen von ganz oben. Und zu bestimmten Anlässen kann man tatsächlich den päpstlichen Segen bekommen.

Wer wochentags zwischen 9 und 12 Uhr zur Porta S. Anna geht und den Schweizergardisten sagt, dass er zur Elemosineria Apostolica (dem Päpstlichen Wohltätigkeitsdienst) möchte, wird durchgelassen. Es geht einmal um die Straßenecke in die Via S. Pellegrino und nach ungefähr 50 Metern rechts unter einem Torbogen hindurch. Schon gelangt man zu einem höchst erstaunlichen Büro. An einer Wand hängen zahlreiche bunt bedruckte Pergamente in verschiedenen Größen und Ausstattungen. Auf allen prangt ein Foto des Papstes, darunter ist zum Beispiel zu lesen, dass Seine Heiligkeit der Papst einem gewissen Herrn zum Geburtstag, einem Paar zur Hochzeit oder einem Kind anlässlich der Taufe »von Herzen den Apostolischen Segen« erteilt. Unter jedem Muster findet sich eine Nummer und der Preis.

Nach dem Ausfüllen des Bestellformulars stellt man sich am Tresen an. Dort nehmen geduldige Nonnen die Aufträge entgegen und schicken den Antragsteller zur Kasse weiter. Die Urkunde ist nach einigen Wochen abholbereit oder wird per Post zugeschickt und beeindruckt dann, im Wohnzimmer aufgehängt, Nachbarn und Freunde.

Die Einnahmen werden ausschließlich für wohltätige Zwecke verwendet.

Sua Santità Francesco

imparte di cuore la Benedizione Apostolica

Maria Busetti e Alessandro

in occasione del Matrimonio

a sulla nascente famiglia continua effusione di graz

e la materna protezione della Beata Vergine Mari

affinché cresca costantemente nella fede e nell' amo

e dia sempre testimonianza di autentica vita Cristia

Chiesa di Santa Maria in Trastevere, Roma. 18 Ottobre 2014

Aedibus Vaticanis, die 22.9.2014

Adresse Ufficio per i rescritti di benedizioni Apostoliche, 00120 Città del Vaticano | **Öffnungszeiten** Mo – Fr 9 – 12 Uhr (den päpstlichen Segen kann man auch online erbitten) **Tipp** Vom Erlös der Segens-Urkunden wurden zum Beispiel mehrere Duschen und Waschblöcke für Obdachlose auf dem Petersplatz eingerichtet. Sie befinden sich in einem Container an den Kolonnaden direkt unter den Fenstern des Apostolischen Palastes.

34 Der Passetto di Borgo

Fluchtweg der Päpste

Nachdem Rom im Jahr 846 durch die Sarazenen geplündert worden war, ließ Papst Leo IV. um den vatikanischen Hügel, das angrenzende Wohnviertel, den Hügel Gianicolo und die Engelsburg eine erste Mauer hochziehen – vier Meter dick und sechs Meter hoch. Sie besaß einen Wehrgang mit Zinnen und 44 Türmen. Im Zuge von Restaurierungsarbeiten Ende des 13. Jahrhunderts beauftragte Papst Nikolaus III. die Anlegung eines geheimen, 800 Meter langen Ganges zwischen dem Apostolischen Palast und der Engelsburg. Von dort aus konnte man das ganze Gebiet unbeobachtet einsehen, überwachen oder sogar Feinde angreifen.

Im 15. Jahrhundert wurde der Passetto weiter ausgebaut, am intensivsten vom berüchtigten Borgia-Papst Alexander VI. Davon profitierte er gleich selbst, denn als der französische König Karl VIII. am 18. Dezember 1494 in Rom einmarschierte, konnte Borgia mit seinem gesamten Hofstaat und dem Kirchenschatz über diesen Geheimgang in die Engelsburg fliehen. Auch Clemens VII. nutzte ihn 1527 während des Sacco di Roma und rannte, versteckt unter einem alten Mantel, in Sicherheit.

Später diente der im römischen Dialekt »Corridore« genannte Gang dem unauffälligen Transport Gefangener zu den Verliesen der Engelsburg. Doch ab Ende des 18. Jahrhunderts verfiel er. Erst zum Jubeljahr 2000 setzte man ihn wieder instand. Seitdem kann der Passetto während der Sommermonate im Rahmen spezieller Führungen besichtigt werden.

Adresse zwischen Piazza della Città Leonina 1 und Lungotevere Castello, 00193 Rom | **ÖPNV** Metro A (Ottaviano); Bus 23, 40, 62, 271, 280, 982 (Piazza Pia), Bus 34 (Via di Porta Castello), Bus 49, 87, 926, 990 (Piazza Cavour), Bus 49, 87, 926, 990 (Via Crescenzio), Bus 46, 64, (Santo Spirito) | **Öffnungszeiten** Führungen in der 2. Jahreshälfte, Informationen unter http://castelsantangelo.beniculturali.it | **Tipp** Hinter den rechten Kolonnaden des Petersplatzes liegt ein kleines keilförmiges Gelände, das sowohl Italien als auch der Vatikanstaat für sich beanspruchen. Bei der Kartografierung des Vatikanstaates im Jahr 1929 wurde vergessen, es eindeutig zuzuordnen.

35 Die Platte der Päpste

Das weltgrößte begehbare Mausoleum

Täglich strömen wahre Menschenmengen in den Petersdom – 25.000 Besucher sind es an einem normalen Tag, in Spitzenzeiten gerne mal 40.000. Doch die wenigsten kommen, um zu beten. Und kaum jemand macht sich bewusst, dass er durch das größte begehbare Mausoleum der Welt wandelt.

140 Meter unter der gewaltigen Kuppel liegt das Grab des Apostels und ersten Papstes Petrus. In dessen Nähe wurde mehr als die Hälfte seiner Nachfolger beigesetzt. Im Durchgang zur Sakristei führt eine große Platte 148 Namen auf. Durch den Abriss der alten Peterskirche im 16. Jahrhundert gingen zwar viele Ruhestätten früher Päpste verloren, doch auch die erhaltenen Zeugnisse sind überaus beeindruckend. Die allermeisten Grabmäler im Petersdom sind übrigens Kenotaphe (Scheingräber), und die sterblichen Überreste liegen in den Grotten (s. Seite 64) bestattet. Nur die selig- und heiliggesprochenen Päpste ruhen in der Oberkirche. Außerdem fanden hier zahlreiche Kardinäle ihre letzte Ruhe und viele gekrönte Häupter. Zum Beispiel die schwedische Königin Christina, die nach ihrer Abdankung in Rom zum Katholizismus konvertierte und die letzten 30 Jahre ihres Lebens in der Stadt am Tiber blieb.

Doch nicht alle Päpste sind im Petersdom beigesetzt. Rund 60 wurden sogar außerhalb Roms bestattet, zum Beispiel in Viterbo, wo 1271 das erste Konklave stattfand, in Perugia oder in Avignon. Dort lebten die Päpste im 14. Jahrhundert 70 Jahre lang im Exil.

Adresse Petersdom, linkes Schiff des Langhauses, Übergang zur Sakristei | **Tipp** Die Innereien von rund zwei Dutzend Päpsten sind in der Kirche Santissimi Vincenzo e Anastasio bestattet, die gegenüber vom Trevi-Brunnen liegt. Die Organe wurden entnommen, weil sich das päpstliche Bestattungsritual früher über mehrere Tage hinzog und die Körper während dieser Zeit öffentlich aufgebahrt wurden (Vicolo dei Modelli 73, 00187 Rom, Metro A (Barberini), Öffnungszeiten 7.30 – 12 und 16 – 19 Uhr).

36 Der Platz für Audienzen

Einmal dem Papst ganz nah sein

Wenn der Papst in Rom ist, hält er jeden Mittwochvormittag eine Generalaudienz ab. Dazu darf jeder kommen, der eine Eintrittskarte hat. Diese gibt es kostenlos. Man bestellt sie (mindestens zwei Wochen vorher) beim Pilgerzentrum oder bei der Päpstlichen Präfektur. In den Wintermonaten oder wenn es regnet, findet die Veranstaltung in der Audienzhalle (s. Seite 12) statt, sonst auf dem Petersplatz. In jedem Fall ist es empfehlenswert, rechtzeitig da zu sein, weil die Plätze nicht nummeriert sind und sich viele Pilger schon in den frühen Morgenstunden anstellen, um die besten Plätze zu bekommen.

Sobald der Pontifex eintrifft, klatschen ihm die Gläubigen stürmischen Beifall, jubeln, winken mit Tüchern und wiederholen monotone Sprechchöre. Er hält zunächst eine geistige Belehrung auf Italienisch, später in mehreren weiteren Sprachen ab. Danach begrüßt er die Pilgergruppen, meist in ihrer Landessprache. Jede von ihnen springt auf, jubelt heftig, der Heilige Vater winkt oder nickt ihr zu, die Gruppe winkt zurück. Der anschließende päpstliche Segen gilt auch für die mitgebrachten Andachtsgegenstände, deshalb umfassen manche Gläubige mehrere Rosenkränze in kleinen Plastikschachteln, an anderen Handgelenken baumelt ein Dutzend kleiner Kreuze, auch zahlreiche Heiligenbildchen werden hochgehalten.

Achten Sie bei der Teilnahme an einer Generalaudienz bitte unbedingt auf angemessene Kleidung sowie bedeckte Schultern und Knie.

Adresse Petersplatz | **Öffnungszeiten** Ticketbestellung bei der Präfektur des Päpstlichen Hauses unter www.vatican.va/various/prefettura/index_ge.html oder beim Pilgerzentrum (Centro Pastorale Pellegrini di Lingua Tedesca) unter info@pilgerzentrum.net, Via del Banco di S. Spirito 56, 00186 Rom | **Tipp** Bis zu einem Jahr nach der Hochzeit können Frischvermählte bei der Generalaudienz den besonderen Segen des Papstes bekommen. Bei der Kartenbestellung Tag, Ort und Diözese der Eheschließung und den Namen des Priesters angeben.

37 Die Porta Sant' Anna

Tor zur weltlichen Seite des Vatikans

Morgens um sechs liegt die Kuppel des Petersdoms schon im Sonnenlicht, der Petersplatz aber noch im Schatten. Und auf der Via della Conciliazione rollen erst wenige Autos. Doch an der Porta Sant' Anna in der Via di Porta Angelica herrscht bereits Betriebsamkeit. Die schweren Eisentore öffnen sich, Schweizergardisten in schlichten blauen Dienstuniformen grüßen Vatikanangestellte, die eilig durch das Tor streben. Nur wenig später beginnen Kameras eifrig zu klicken. Immer wieder bleiben Touristen stehen und werfen neugierige Blicke auf die Straße hinter dem Tor sowie die Insassen herausfahrender Autos. Dabei gibt es nur selten etwas Außergewöhnliches zu sehen.

Die Porta Sant' Anna ist der am meisten frequentierte Eingang in den Vatikan. Er wird von Mitarbeitern, Kurienmitgliedern und vatikanischen Staatsbürgern passiert, aber auch von Besuchern, die zum Päpstlichen Almosenamt (s. Seite 72) oder der Apotheke (s. Seite 129) möchten, oder von Wissenschaftlern mit besonderer Genehmigung, die zu Recherchen die Biblioteca Vaticana oder das Päpstliche Geheimarchiv aufsuchen.

Wer einen Gottesdienst in der Kirche Sant' Anna dei Palafrenieri gleich rechts neben dem Eingang besuchen möchte, darf ebenfalls passieren. Die Pfarrkirche des Vatikans wurde um 1570 im Auftrag der Erzbruderschaft der Reitknechte gebaut. Deren Mitglieder waren früher die päpstlichen Sänftenträger und geleiten noch heute hochrangige Besucher zu Audienzen.

Adresse Via di Porta Angelica/Ecke Borgo Pio, 00193 Rom | **Tipp** Der Vatikan als Zentrum der katholischen Kirche besitzt auf dem eigenen Staatsgebiet keinen Bischofssitz. Die Kathedrale der Diözese Rom ist San Giovanni in Laterano (exterritoriales Gebiet). Pfarrkirche des Vatikanstaates ist Sant'Anna dei Palafrenieri (von 6.45–12 und 14–19 Uhr geöffnet, öffentliche Gottesdienste stündlich von 7–18 Uhr).

38 Die Prüfmarken

Riss-Wächter des Petersdoms

Imposant thront der Petersdom auf dem vatikanischen Hügel. Die Basilika wirkt so stabil wie für die Ewigkeit gemacht. Dabei war der weiche Baugrund am Tiber denkbar ungeeignet für eine derart gewaltige Kirche. Er verlangte gigantische Stützmauern und verursachte enorme Kosten. Dieser Aufwand wurde nur durch die Annahme gerechtfertigt, über dem echten Petrusgrab zu bauen. Dennoch ergaben sich sowohl während der Bauphase als auch in den Jahrhunderten danach immer wieder Probleme, vor allem an der Ostseite des Gebäudes. Mit den Folgen muss sich die Dombauhütte bis heute herumschlagen.

Die Fabbrica di San Pietro wurde vor über einem halben Jahrtausend gegründet. Während sie in den ersten 150 Jahren damit beschäftigt war, aus der alten, baufälligen Vorgängerkirche einen neuen Prachtbau zu errichten, kümmert sie sich seit dessen Fertigstellung um seine Erhaltung.

Für die mehr als 120 Mitarbeiter ist der Petersdom wie ein empfindliches Lebewesen, das ständig kompetente Fürsorge braucht. Dazu gehört auch, dass die Risse, die die Basilika an verschiedenen Stellen durchziehen, sorgfältig beobachtet werden.

Wurden im 19. Jahrhundert noch Prüfmarken angebracht, um rechtzeitig ein eventuelles Verbreitern festzustellen, übernehmen heute modernste Sensoren diese Aufgabe. Sie messen Veränderungen bis auf den Tausendstel-Millimeter. Die Daten beruhigen – der Petersdom steht überaus solide da.

Adresse Eingangstür zum zweiten Teil des Kuppelaufstiegs auf dem Dach des Petersdoms | **Tipp** Lassen Sie sich einen Moment Zeit, ehe Sie die Höhe der Kuppel erklimmen. Auch auf dem Dach des Petersdoms gibt es einiges zu sehen. Sie können zum Beispiel über die gesamte Fläche des Langhauses bis zum Portikus laufen und von dort aus der Vogelperspektive auf den Petersplatz schauen.

39 Die Rampe der Meere

Boote statt Schlangen

In den Vatikanischen Museen ist Kunst aus 6.000 Jahren Menschheitsgeschichte zu sehen, die Fresken, Gemälde und Objekte sind weltberühmt. Tausende wollen täglich hinein. Doch wer nicht über das Internet Tickets vorgebucht hat, verbringt in der Regel mehrere Stunden in der Warteschlange entlang der festungsähnlichen Mauer. Ist der Eingang endlich erreicht, die Sicherheitskontrolle überstanden und der Eintritt entrichtet, will man natürlich keine kostbare Zeit mehr verlieren und sofort mit dem Rundgang beginnen.

Statt sich mit zahllosen anderen Besuchern auf der 165 Meter langen Rolltreppe zu drängeln, empfiehlt sich ein sanfter Aufstieg auf der schneckenförmigen Rampe. Dort warten über 60 Bootsmodelle von allen Kontinenten. Außerdem sind Schwarz-Weiß-Fotografien ausgestellt, die zu Beginn des 20. Jahrhunderts von Missionaren aufgenommen wurden.

Der Rundgang startet mit dem südpazifischen Einbaum Ivukapi. Ihm folgen ein britisches Segelschiff, das zwischen England und Australien pendelte, und ein japanisches Pendant sowie asiatische und afrikanische Modelle. Neben einem chinesischen Festboot aus Elfenbein und dem konischen Gefährt thailändischer Herrscher gibt es unter anderem Kanus aus Rinde, Einhand-Segler verschiedener amerikanischer Völker oder ein Floß mit zwei Steuerrudern, das für die sichere Navigation in wilden und schnellen Gewässern gebaut wurde.

Adresse Vatikanische Museen | **Tipp** Wenn Sie die Museen nach dem sieben Kilometer langen Rundgang wieder verlassen, passieren Sie die berühmte doppelläufige Spiraltreppe (übrigens die längste der Welt). Sie wurde 1932 von Giuseppe Momo erschaffen. Der aus der Lombardei stammende Momo war der Lieblingsarchitekt des damaligen Papstes Pius XI. Unter anderem baute er den vatikanischen Gouverneurspalast, den Bahnhof und den meistfrequentierten Eingang in den Vatikan: die Porta Sant Anna.

40 Die Scala Regia

Eine geniale optische Täuschung

Wer den Petersdom besuchen möchte, muss sich meist geduldig in eine Warteschlange an der rechten Seite der Kolonnaden einreihen. Kurz nach der Sicherheitskontrolle passiert man ein von Schweizergardisten bewachtes Bronzeportal. Dies ist der Haupteingang zum Apostolischen Palast und ein sehr beliebtes Fotomotiv. Vom Inneren des Gebäudes ist vor allem die monumental wirkende Scala Regia (Königstreppe) zu sehen. Diesen Namen trägt sie nicht zufällig, denn sie verbindet die Vorhalle der Peterskirche mit der Sala Regia (Königssaal) im Apostolischen Palast. Dort empfing der Papst traditionell gekrönte Häupter. Und noch heute dient der prachtvoll freskierte Saal für Audienzen.

Mitte des 17. Jahrhunderts bot die Treppe alles andere als einen herrschaftlichen Anblick. Die Treppenläufe waren zu lang und zu eng. Es gab kaum Licht, obendrein verjüngte sich der Korridor unregelmäßig. Ein Abriss kam jedoch nicht in Frage, weil dadurch die Sala Regia und Michelangelos Fresken in der Cappella Paolina zerstört worden wären. Gianlorenzo Bernini wurde beauftragt, aus dem dunklen und unansehnlichen Raum eine lichte, repräsentative Galerie zu machen. Er blendete den Wänden Säulenreihen vor und verringerte ihren Abstand in aufsteigender Richtung zur dahinter liegenden Wand. Außerdem vergrößerte er die Abstände zwischen den Säulen und ließ den Säulen-Durchmesser wachsen. Dadurch wirkt der Aufgang breiter, kürzer und großzügiger.

Adresse Petersplatz, Bronzeportal in den rechten Kolonnaden | **Tipp** Wer Tickets für die Generalaudienz oder heilige Messen (zum Beispiel zu Weihnachten) bei der Präfektur des Päpstlichen Hauses bestellt hat, darf durch das Bronzeportal hindurchgehen, um sie abzuholen.

41 Die Schokoladenseite

Der Himmel der Heiligen

Nicht nur die beiden Brunnen auf dem Petersplatz strahlen endlich wieder, sondern auch die 284 Säulen, 88 Pfeiler und sechs Papstwappen der Petersplatz-Kolonnaden. Über drei Jahre hatten rund 100 Ingenieure, Handwerker und Kunsthistoriker gebraucht, um 50.000 Quadratmeter Fläche perfekt aufzupolieren.

Die Travertin-Steine waren schon einmal vor 150 Jahren restauriert worden. Und auch später gab es immer wieder Ausbesserungen. Doch nicht alle davon wurden sorgfältig ausgeführt. Nun sind alle hässlichen Zementplomben entfernt, sämtliche tragenden Teile kontrolliert und notwendigen Reparaturen ausgeführt. Auch die 140 Heiligenfiguren, die von den Kolonnaden herunterblicken, wurden einer gründlichen Schönheitskur unterzogen. Die etwas über drei Meter hohen Statuen präsentieren frühchristliche Märtyrer, ausgewählte Lichtgestalten der Bibelgeschichte und heiliggesprochene Päpste. Vom Petersplatz aus wirken die Kunstwerke filigran und perfekt modelliert. Doch ihr Schöpfer, das Barock-Genie Gianlorenzo Bernini, wusste ganz genau, an welchen Stellen sich bildhauerischer Einsatz lohnt. Weil die Skulpturen von den Besuchern nur von vorn und aus relativ großer Entfernung gesehen werden, ließ er ihre Fronten von seinen Schülern nur relativ grob ausarbeiten. Die Rückseiten blieben sogar völlig unbehauen.

Beim Aufstieg zur Kuppel lassen sich einige Statuen auf dem Dach des Petersdoms ganz aus der Nähe betrachten.

Adresse Petersplatz | **Tipp** Im scheinbaren Mittelpunkt des Petersplatzes reckt sich der Obelisk (s. Seite 68) empor – tatsächlich ist er fast vier Meter nach Norden verschoben. Obwohl der Granitblock von Papst Sixtus V. auf den Petersplatz gebracht worden war, pfropfte ein späterer Pontifex sein Wappen auf dessen Spitze. Alexander VII. (Pontifikat 1655–1667) sorgte geschickt dafür, dass dieses Wappen nie wieder entfernt wird: In seine Spitze ist angeblich ein Splitter vom Kreuz Christi eingelassen.

42 Das Schrank-Spalier

300 Meter Stauraum

Es gibt mehrere Routen innerhalb der Vatikanischen Museen. Doch ein Programmpunkt ist für fast alle Besucher gleich – der Gang durch die Sixtinische Kapelle. Dort herrscht in der Regel qualvolle Enge. Im Minutentakt plärrt ein Lautsprecher, dass man leise sein soll und Fotoaufnahmen streng verboten sind. Und in den wenigen Sekunden dazwischen wollen auch die Wärter gehört werden, die »Silenzio!« rufen oder die Menschen mit lautem »Avanti! Avanti!« zum Weitergehen nötigen. Schließlich drängen von draußen schon die nächsten Besucher herein.

Erschöpft von der Fülle ihrer Eindrücke gehen viele nach dem Verlassen der Kapelle schnurstracks Richtung Ausgang und schauen in den folgenden, lang gestreckten Sälen kaum noch nach rechts oder links. Dabei gibt es gerade dort spannende und skurrile Exponate. Zum Beispiel einen Stein vom Mond und eine Vatikan-Flagge, die 1969 mit der Mission Apollo 11 zum Erdtrabanten gereist war. Oder ein erschreckend kitschiges, lebensgroßes Schwanenpaar aus Porzellan, das US-Präsident Nixon dem Vatikan geschenkt hatte.

Neugierig machen auch die zahllosen Holzschränke an den Seitenwänden. Manche sind schlichter bemalt, andere prächtig dekoriert. Doch wer dahinter geheime Exponate vermutet, irrt. Sie sind leer. Früher beherbergten sie einen Teil der über zwei Millionen Bücher und Manuskripte der Apostolischen Bibliothek. Heute werden diese in einem speziellen Archiv aufbewahrt.

Adresse Vatikanische Museen, Museum der Apostolischen Bibliothek | **Tipp** Während die Raffael-Stanzen und die Sixtinische Kapelle immer knallvoll sind, gibt es auch weniger stark frequentierte Bereiche. Zum Beispiel das 1926 gegründete Ethnologische Museum. Dort werden Kunstwerke und historische Zeugnisse aus allen christlichen Missionsgebieten der Welt gezeigt.

43__Die Schweizergarde

Die kleinste und älteste Armee der Welt

Es mutet kurios an: Der Vatikan leistet sich zwar eine Mini-Armee, doch muss diese laut Gesetz vollständig aus Ausländern bestehen. Um ihre Aufgabe zu erfüllen, nämlich das Leben des Papstes zu schützen, werden obendrein Waffen benutzt, die vor einem halben Jahrtausend modern waren.

Am 22. Januar 1506 erreichte ein Trupp Schweizer Söldner die Ewige Stadt. Papst Julius II. hatte sie als seine Leib- und Palastwache in den Vatikan gerufen. Auch 1527, während der Plünderung Roms, versuchten die Eidgenossen, den Papst zu schützen. 42 von ihnen brachten Clemens VII. über den Passetto (s. Seite 74) in die Engelsburg in Sicherheit, die übrigen 147 wurden getötet. Noch heute ist der 6. Mai ein Ehrentag für die Schweizergarde. Dann werden auch die neuen Rekruten vereidigt, an die sehr konkrete Anforderungen gestellt werden. Sie müssen katholische Schweizer, zwischen 18 und 30 Jahren alt, über 1,74 Meter groß und ledig sein sowie die Rekrutenschule besucht haben. Im Vatikan leben sie in einer Kaserne, schützen den Papst, begleiten ihn auf seinen Reisen, bewachen die Eingänge des Vatikanstaates und übernehmen den Ordnungsdienst bei Audienzen und Messen. Auch für offizielle Anlässe stellen sie Ehrenformationen.

Dass Michelangelo die weltberühmten Uniformen in Gelb, Blau und Rot entworfen hat, ist übrigens eine Legende. Farbenprächtig waren sie zwar schon immer, die heutige Form stammt jedoch erst aus dem Jahr 1914.

Adresse zum Beispiel am Arco delle Campane links neben dem Petersdom oder am Portone di Bronzo, das sich unter den Kolonnaden am Apostolischen Palast befindet | **Tipp** Nur wenige Jahre nachdem die ersten Schweizergardisten in Rom eingetroffen waren, malte Raffael fünf von ihnen auf sein Fresko »Die Messe von Bolsena« (Vatikanische Museen, Raffael-Stanzen, Stanza di Eliodoro). Es ist die erste Darstellung der päpstlichen Leibwächter.

44 Die Sphäre mit Sphäre

Moderne Kunst im Vatikan

Die meisten Besucher der Vatikanischen Museen haben ein ganz klares Ziel – die Sixtinische Kapelle. Auf dem Weg dorthin bewundern sie zahllose kostbare Kunstwerke, vor allem die grandiosen Fresken Raffaels in der zweiten Etage. Doch es ist kaum bekannt, dass der Vatikan auch eine bedeutende Sammlung moderner Kunst besitzt. Sie ist weniger das Ergebnis einer strategischen Sammlungspolitik, sondern in erster Linie aus vielen Schenkungen entstanden. Zum ursprünglichen Kern gehören unter anderem Werke von van Gogh, de Chirico, Matisse, Chagall oder Dalí, später kamen die Arbeiten jüngerer Künstlergenerationen hinzu. Noch ist die Sammlung etwas unglücklich im Borgia-Apartment und einigen Sälen kurz vor der Sixtinischen Kapelle präsentiert, wo sie kaum wahrgenommen wird. Doch das soll sich in Kürze ändern.

Im Cortile della Pigna (Pinien-Hof) steht vermutlich das einzige moderne Kunstwerk, das von den Besuchern bewusst gesehen und aktiv genutzt wird – die Sphäre mit Sphäre. Der italienische Künstler Arnaldo Pomodoro, der zahlreiche ähnliche Arbeiten gestaltet und weltweit aufgestellt hat, schenkte sie 1990 dem Vatikan. Ihre äußere Form ist eine blank polierte Bronzekugel, die durch ihre aufgerissene Oberfläche eine kleinere Kugel hinausstößt. Das Objekt wirkt, als habe sich in seinem Kern etwas sehr Explosives ereignet. Im Inneren sind mehrere metallene Zahnreihen sichtbar. Das Objekt lässt sich drehen.

Adresse Vatikanische Museen, Cortile della Pigna | Tipp Direkt vor dem Eingang zur Sixtinischen Kapelle steht eine höchst ungewöhnliche überlebensgroße Madonnen-Figur aus Keramik. Sie wurde von dem berühmten italienischen Avantgarde-Künstler Lucio Fontana (1899–1968) geschaffen.

45 Die Sterne der Größten

Kalkül einer spektakulären Architektur

»Das größte Gebäude, das die Erde je getragen hat.« So bezeichnete Carlo Fontana, einer der Petersdom-Architekten, im Jahr 1694 die gerade fertiggestellte Basilika. In einem Traktat rechnet er stolz Flächeninhalte vor, vergleicht sie mit dem Salomonischen Tempel, dem Pantheon und dem Kolosseum.

Wer im Langhaus den Blick auf den Marmorfußboden richtet, entdeckt eine Folge bronzener Sternchen, die die Längenmaße der größten christlichen Kirchen markieren. Sankt Peter ist dabei natürlich Gewinnerin. Für 366 Jahre war sie die größte christliche Kirche der Welt. Erst 1990 weihte Johannes Paul II. an der Elfenbeinküste Notre-Dame-de-la-Paix, eine Kopie des Petersdoms, die die Ausmaße des Originals noch übertrifft.

Dabei hatte es während der Bauphase unzählige kritische Momente gegeben, in denen das gesamte Projekt zu scheitern drohte. Doch den Päpsten lag ungeheuer viel daran, es zu Ende zu bringen. Denn die Peterskirche war nicht zuletzt eine Botschaft der Macht. Zu allen Zeiten hatte imposante Architektur – wie die ägyptischen Pyramiden oder die Bauwerke römischer Kaiser – die herrschaftliche Potenz vorgeführt. An solchen berühmten Monumenten wurden auch die Päpste gemessen. Keiner von ihnen verfügte über die finanzielle Potenz eines Imperators, und jeder konnte nur einen Bruchteil realisieren. Doch die Rechnung ging auf: Trotz vieler verschiedener Auftraggeber und Konzepte entstand eines der beeindruckendsten Bauwerke der Welt.

Adresse Petersdom, Mittelschiff | **Tipp** In der zweiten Kapelle des rechten Seitenschiffs befindet sich der von Francesco Messina geschaffene Epitaph für Papst Pius XII. (Pontifikat 1939–1958). Als 1943 der römische Stadtteil San Lorenzo bombardiert wurde, intervenierte er bei den Alliierten. Der Vatikan befände sich nicht im Kriegszustand, deshalb durften Rom und seine Kirchen nicht zerstört werden. Er hatte Erfolg: Rom wurde zur offenen Stadt erklärt und nicht länger angegriffen.

46 Der Tanz des Filarete

Eine Bottega in Weinlaune

Fünf Portale führen in den Petersdom. Das mittlere und älteste erzählt eine besondere Geschichte: Als Eugen IV. im Jahr 1431 Papst wurde, existierte noch Alt-St. Peter. Dessen ehemals versilberte Eingangstür bot keinen repräsentativen Anblick mehr, so beauftragte er den Florentiner Bildhauer Antonio Averlino (genannt Filarete), eine neue zu schaffen. Kurz darauf wurde sein Pontifikat hektisch, er musste als Mönch verkleidet aus Rom flüchten und blieb neun Jahre im Exil. Während dieser Zeit bekam Filarete kein Geld, das Projekt stockte.

Wie erleichtert der Künstler später über dessen Fertigstellung war, zeigt seine ungewöhnliche Signatur ganz unten auf der Rückseite des linken Flügels. Dort präsentiert er sich mit seinen sechs Gehilfen beim Tanz. Darunter steht: »ANTONIVS ET DISCIPVLI MEI (Antonius und meine Schüler)«. Die Truppe hält sich an den Händen und zieht zum Feiern aus einem Tor mit dem Fertigstellungsdatum: »ANNO DOMINI MILLESIMO QUADRIGENTESIMO QUADRAGESIMO QUINTO. DIE ULTIMUS IULII« (31. Juli 1445). Die Jubelnden werden von zwei weiteren Männern begleitet. Einer sitzt samt prall gefülltem Weinschlauch auf einem Maulesel und hält der Truppe einen gefüllten Krug hin. Der andere spielt Dudelsack auf dem Rücken eines Kamels.

Um das Tor den Maßen des neuen Petersdoms anzupassen, wurden zu Beginn des 17. Jahrhunderts oben und unten Streifen angesetzt. Seit 1620 gewährt es den Besuchern zuverlässig Einlass.

Adresse Petersdom, mittleres Eingangsportal, Rückseite der linken Tür, ganz unten | **Tipp** Wenn man vom Eingang nach rechts zu Michelangelos Pietà geht, fällt an der Wand eine hell verputzte Stelle mit einem goldenen Kreuz auf. Dahinter verbirgt sich die Heilige Pforte. Zu Beginn eines Jubeljahres klopft der Papst von außen mit einem kleinen goldenen Hammer gegen die verschlossene rechte Eingangstür des Petersdoms. Diese öffnet sich, der Papst durchquert sie als Erster. Nach Abschluss des Heiligen Jahres wird die Pforte wieder vermauert.

47 Das Taufbecken

Ein Stein für Kaiser und Könige

Auch wenn der Petersdom durch die Besuchermassen eher wie ein riesiges Museum erscheint, ist die Basilika eine fast normale Kirche. Dort werden Messen zelebriert, Hochzeiten gefeiert (wenn auch eher selten) und regelmäßig Taufen vollzogen. Traditionell nimmt der Papst zum Beispiel zu Ostern jeweils zehn Kinder und Erwachsene aus aller Welt in die christliche Gemeinschaft auf.

Die Schale des Taufbeckens besteht aus Porphyr, einem Material, das seit den ägyptischen Pharaonen nur Herrschern vorbehalten war. Der einzige Fundort des seltenen rötlichen Steins lag in der Wüste Sinai nahe dem Ort Hurghada. Schon die Kaiser des antiken Roms beschafften sich Säulen und Sarkophage aus Porphyr.

Das vier Meter lange und zwei Meter breite Taufbecken wurde keineswegs extra für den Petersdom angefertigt. Ursprünglich diente es als Sarkophag-Deckel für die Ruhestätte des römischen Kaisers Hadrian, der von 117 bis zum Jahr 138 regiert hatte und dann in der von ihm gebauten Engelsburg bestattet worden war. Ende des 10. Jahrhunderts bekam der Sarg, der inzwischen im Atrium von Alt-St. Peter stand, einen neuen Mieter, den deutsch-römischen Kaiser Otto II. Im Zuge der Bauarbeiten für die neue Peterskirche wurde diese Vorhalle 1600 abgebrochen, Otto II. in einen einfachen Steinsarg umgebettet und in die Vatikanischen Grotten verlegt. 1641 kam der Porphyr-Deckel schließlich als Taufbecken an seinen jetzigen Ort.

Adresse Petersdom, linkes Kirchenschiff | **Tipp** Im Hauptschiff der Basilika, am mittleren Eingang, gibt es ein weiteres Relikt aus Porphyr – eine in den Boden eingelassene runde Platte. Auf dieser wurde am Weihnachtstag des Jahres 800 Frankenkönig Karl der Große von Papst Leo III. zum Kaiser gekrönt. In den folgenden Jahrhunderten knieten zahlreiche weitere Herrscher dort. Beim Abriss von Alt-St. Peter war die Platte gesichert und später im Boden der neuen Basilika eingelassen worden.

48 Die Totenstadt

Nekropole an der Via Triumphalis

Irgendwann im 2. Jahrhundert verschüttete ein Erdrutsch auf dem vatikanischen Hügel einen Friedhof. Unter den Gesteinsmassen blieb er viele Jahrhunderte unentdeckt. Erst als Bauarbeiter vor einigen Jahren Ausschachtungen für den Autohof im Vatikan machten, entdeckten sie antike Gebäudereste – wie eigentlich überall in Rom, wenn mehr als zwei Meter tief gegraben wird. Es gab einen der gefürchteten Baustopps.

Doch dann stießen die Archäologen auf eine Sensation – eine nahezu unbeschadete Nekropole. Schnell war klar: Sie verrät Geheimnisse aus einem halben Jahrtausend römischer Begräbniskultur, vom 3. vorchristlichen bis ins 2. nachchristliche Jahrhundert. Neben Grabstätten des gehobenen Standes kamen Ruhestätten ehemaliger Sklaven zum Vorschein, die zu Wohlstand gekommen und freigelassen worden waren. Aber auch Grüfte antiker Postboten, Tischler und anderer Handwerker, die dank ausführlich beschrifteter Grabstelen identifizierbar sind. Man fand Münzen, die den Toten bei ihrer Reise ins Jenseits in den Mund gelegt worden waren, und grub einen Leichenverbrennungsplatz aus. Im Zuge der Arbeiten verbanden die Archäologen auch zwei bisher getrennte Sektoren, den des Autoparco und den der Santa Rosa.

Von Stahlgittern aus sehen die Besucher nun die gesamte Totenstadt aus nächster Nähe. Sie genießen eine filmische Dokumentation und können mit Hilfe von Touchscreens die Grabstelen und Gräber digital rekonstruieren.

Adresse Vatikanische Museen (Beginn und Ende der Tour) | **Öffnungszeiten** Die Besichtigung ist nur mit vorab gebuchtem Ticket innerhalb einer Führung möglich, www.bigliettteriamusei.vatican.va. Leider ist die Ausgrabungsstätte zurzeit nicht barrierefrei. | **Tipp** Der Weg zur Nekropole wird innerhalb des Vatikangeländes zurückgelegt. Dabei kommt man an Orten vorbei, die sonst für normale Touristen tabu sind, zum Beispiel an der Apotheke, der Post, der Autowerkstatt oder dem prächtigen Galea-Brunnen, der früher Galeeren-Brunnen hieß.

49 Die Uhr für den Teufel

Die verrückten Zeitmesser vom Petersplatz

Solange präzise mechanische Uhren in Rom fehlten, orientierten sich die Menschen am Läuten der Kirchenglocken und diese wiederum an Sonnenuhren. Auch auf dem Petersplatz wurde 1817 eine angelegt, der Obelisk diente als Schattenstab. Heute funktioniert nur noch ihr Meridian als Kalender. Seine 45 Meter lange Linie aus rotem Granit und Messing erstreckt sich von der Platzmitte in Richtung der Kolonnaden. An Sonnentagen lässt sich gut beobachten, wie der Schatten des Obelisken über das Pflaster wandert und mittags eine markante Linie erreicht, in die Marmorscheiben mit den Namen der Tierkreiszeichen und beider Sonnenwenden eingelassen sind. Der Schatten vom Kreuz der Obelisk-Spitze zeigt dann den aktuellen Monat an.

Der Petersplatz beherbergt außerdem drei weitere öffentliche Uhren. Eine befindet sich am Apostolischen Palast und zwei in der Fassade des Petersdoms. Letztere wurden 1785 von Giuseppe Valadier entworfen und angefertigt – und stellen aufmerksame Besucher vor ein Rätsel. Denn während der linke Zeitmesser (Oltremontano genannt) die korrekte römische Zeit angibt, geht der rechte falsch.

Dem römischen Volksglauben nach soll damit der Teufel verwirrt werden, sodass er die Gläubigen nicht beim Gebet heimsuchen kann. Tatsächlich handelt es sich um eine italienische Uhr. Sie hat nur einen Zeiger und unterteilt die Zeit von Sonnenaufgang bis Sonnenuntergang in gleichmäßige Stunden.

Adresse Petersplatz | **Tipp** Auch im Inneren des Petersdoms gibt es zwei außergewöhnliche Uhren. Diese befinden sich an der Eingangswand, und man sieht sie am besten vom mittleren Kirchenschiff aus. Die linke zeigt die Stunden an, die rechte die Minuten (leider ist die rechte Uhr schon lange kaputt).

50 Die Vatikanische Nekropole

Die Gebeine des Apostelfürsten

Den Baugrund des vatikanischen Hügels als ungünstig zu bezeichnen wäre untertrieben. Trotzdem wählte Kaiser Konstantin (um 270–337) genau diesen Ort, um eine Basilika zu errichten: Nicht den Talgrund am Südhang, nicht die relativ ebene Kuppe der Anhöhe, sondern einen Steilhang auf einem antiken Friedhof. Für seinen Bau musste er einen Teil des Hügels abtragen, die Katakombe zuschütten und zwölf Meter hohe Stützbauten errichten. Auch als Alt-St. Peter 1.200 Jahre später durch einen Neubau ersetzt wurde, war dieser Ort der einzig denkbare. Denn hier sollen die Gebeine des Apostels Petrus begraben sein.

1939 stieß man bei Arbeiten unter dem Petersdom auf eine Mauer, hinter der sich ein antikes Totenreich eröffnete – Kreuzgänge, Mausoleen, eine Mauer mit lateinischen Graffiti, Grabmälern und Skulpturen. Zehn Jahre wurde unter Pius XII. ergebnislos gegraben, um die sterblichen Überreste Petri zu finden. Schließlich gestattete der Papst den Aushub des Bodens unter dem Hauptaltar. Dort stand in einer Nische mit Schmuckfassade ein kleines Kästchen. Neben dem vollständigen Skelett einer Maus lagen die Knochen eines kräftigen Manns zwischen 60 und 70 darin. 1968 erklärte sie Papst Paul VI. für diejenigen des heiligen Petrus.

Die Katakombe ist zugänglich. Allerdings dürfen nur 250 Besucher (über 15 Jahre alt) pro Tag hinein, die sich vorab im Grabungsbüro zu einer Führung anmelden müssen.

Adresse Via Paolo VI., 00193 Rom (Eisentor links außerhalb der Kolonnaden) | **Öffnungszeiten** Anmeldung unter der E-Mail-Adresse scavi@fsp.va oder der Faxnummer 0039/0669873017 (Datum, Namen und Alter der Besucher, gewünschte Sprache für die Führung, die angedachte Zeitspanne sowie Kontaktdaten für die Bestätigung angeben), das Büro ist Mo – Fr 9 – 18 Uhr, Sa 9 – 17 Uhr geöffnet | **Tipp** Dort, wo die linken Kolonnaden in Richtung Petersdom enden, befindet sich das Informationsbüro für Pilger und Touristen.

51_Die Vatikanischen Gärten

Das verborgene Paradies

Papst Johannes XXIII. lernte extra Fahrradfahren, um sich auf dem Gelände der Vatikanischen Gärten ungestörter bewegen zu können. Und der sportliche polnische Papst Johannes Paul II., der in seiner Jugend Bergsteiger, Kanufahrer und Fußballer war, joggte – solange es seine Gesundheit erlaubte – regelmäßig über die Wege.

Über die Hälfte der Vatikanfläche besteht aus Grünanlagen, die meisten gehören zu den Vatikanischen Gärten. Schon Ende des 13. Jahrhunderts wurden dort ein Obstgarten (pomerium), Rasen (pratellum) und ein Garten (viridarium) angelegt. In späteren Jahrhunderten lebten so viele Tiere auf dem Gelände, dass die Päpste sogar jagen gehen konnten. Heute nisten nur noch ein paar Papageien in den imposanten Dattelpalmen.

Für Besucher war es bis vor Kurzem undenkbar, hier zu flanieren. Heute finden an allen Werktagen – außer mittwochs – Führungen statt. Man spaziert durch natürliche sowie akkurat gepflegte Teile, passiert die seit 1902 installierte Lourdes-Grotte, eine originalgetreue Kopie des französischen Marienwallfahrtsortes, und ein Stück Berliner Mauer. Es geht über die Viale dei Olivi, auf der traditionell jeder Papst einen Olivenbaum pflanzt, zum Turm, in dem prominente Gäste bei ihren Vatikan-Besuchen residieren, und schließlich vorbei an einigen der über 90 Brunnen und dem Kloster Mater Ecclesiae, in das sich Papst Benedikt XVI. nach seinem Rücktritt zurückzog.

Adresse Vatikanische Museen (Beginn und Ende der Führung) | **Öffnungszeiten** Tickets unter www.bigliettieriamusei.vatican.va, die Führung dauert circa 1 ½ Stunden, wichtig: Knie und Schultern müssen bedeckt sein – auch im Sommer | **Tipp** Neuerdings kann man auch bequem im Panoramabus durch die Vatikanischen Gärten fahren. Die Tour findet von Montag bis Samstag zwischen 8.15 und 12.45 Uhr (letzte Abfahrt) statt, dauert 40 Minuten, und jeder bekommt einen Audioguide. Eine Vorabbuchung ist obligatorisch.

52 Die verwundete Pietà

Attentat auf eine Berühmtheit

Nasenbeinbruch, Verlust eines Armes, das linke Augenlid abgeschürft, Schrammen und Risse am Kopf. Was wie die Diagnose nach einem schweren Unfall klingt, löste 1972 größtes Entsetzen in der Kunstwelt aus.

Papst Paul VI. hatte am 21. Mai 1972 gerade die Pfingstmesse im Petersdom beendet, als ein junger Ungaro-Australier über die Absperrung in der ersten Seitenkapelle am Eingang kletterte. Er zog einen Hammer aus seinem Regenmantel und drosch auf die ungeschützte Pietà ein. Dabei skandierte er: »Jesus ist auferstanden. Ich bin Jesus.« Nach 15 Schlägen gelang es einem Besucher, den 33-Jährigen zu überwältigen. Der Attentäter wurde für geistesgestört erklärt und nie für seine Tat verurteilt. Nach drei Jahren in einer Klinik für psychisch Kranke wies ihn Italien aus. Den Rest seines Lebens fristete er in Australien und starb 2012.

Ein Expertenteam prüfte, inwiefern die Schäden der Attacke reparabel seien. Chemiker mischten Polyester-Harz mit Staub aus Carrara-Marmor und bildeten die schadhaften Stellen originalgetreu nach. Zum Glück stand ihnen dabei eine Kopie des Werkes zur Verfügung. Als die Pietà 1964 für die Weltausstellung in New York ausgeliehen worden war, hatte der Vatikan ein Gips-Duplikat anfertigen lassen. Schon Anfang 1973 kehrte Michelangelos Pietà in den Petersdom zurück, dorthin, wo sie seit mehr als 250 Jahren gestanden hatte. Nun allerdings hinter einer schützenden Panzerglasscheibe.

Adresse Petersdom, erste Seitenkapelle rechts des Eingangs | Tipp Die Kopie aus dem Jahr 1964 steht in der Schatzkammer des Petersdoms, eine weitere in der Pinakothek der Vatikanischen Museen. Die Pietà wurde vielfach in Marmor/Gips und Bronze abgeformt. Seit 1978 ist eine vom Vatikan autorisierte Nachbildung in der St.-Hedwigs-Kathedrale in Berlin zu sehen.

53 Der Wetterhahn

Vom Blitz getroffen

Mitte des 9. Jahrhunderts ließ Papst Leo IV. vor Alt-St. Peter, der Vorgängerkirche des Petersdoms, einen Glockenturm errichten. Dessen Spitze wurde mit einem vergoldeten Bronzehahn bekrönt. Natürlich nicht zufällig – Hähne kündigen den Sonnenaufgang an. Genau dann läuten die Glocken und rufen die Gläubigen zum Angelusgebet. Dieses wird dreimal täglich gesprochen, bei Sonnenauf- und -untergang sowie zur Mittagsstunde.

Darüber hinaus hatte der Gallus (lateinische Bezeichnung des Hahnes) seit der Antike eine positive Konnotation. Er wurde abwechselnd als Begleittier des Sonnengottes Apollo, des Handelsgottes Merkur oder (seiner Wachsamkeit wegen) als Attribut des Kriegsgottes Mars gesehen. In der Symbolik des Christentums steht er für die Macht des Lichtes, das die Finsternis vertreibt. Übertragen heißt dies: Er passt während der dunklen Stunden auf und kündigt das Licht Christi an, das im Osten aufgeht. Daher wurden Hähne seit dem Mittelalter mit der erwarteten Wiederkunft des Gottessohnes in Verbindung gebracht.

Der Überlieferung nach schlug irgendwann im späten Mittelalter ein Blitz in die Turmspitze ein, der goldene Hahn wurde beschädigt und fiel vom Dach. Erst bewahrte man ihn in der Sakristei der alten Peterskirche auf, später in der des Neubaus. Als Papst Paul VI. Ende 1974 den Domschatz als Museum öffentlich zugänglich machte, wurde das uralte Relikt wieder hervorgeholt und ist seitdem ausgestellt.

Adresse Museo del Tesoro, Petersdom, linkes Schiff des Langhauses auf halber Strecke Richtung Vierung | **Tipp** Im Museum sind wertvolle liturgische Geräte, Paramente (im Kirchenraum verwendete Textilien) und Kunstgegenstände zu besichtigen. Zum Beispiel das ebenfalls aus Alt-St. Peter stammende bronzene Grabmal für Sixtus IV. (Pontifikat 1471–1484) oder der Sarkophag des Junius Bassus aus dem 4. Jahrhundert.

54 Die Windrose

Geschichte frischer Brisen auf dem Petersplatz

Rund um den gewaltigen Obelisken auf dem Petersplatz wurde im Jahr 1817 eine Windrose ins Pflaster eingelassen. 1852 bekam sie elliptische, mit den Namen und den Richtungen der Mittelmeerwinde beschriftete Marmorplatten.

Wer den Thriller »Illuminati« von Dan Brown kennt, weiß, dass die Plakette »West Ponente« dort als Hinweis auf das Element Luft und als Schauplatz für den Mord an einem Kardinal dient. Dass sie den Atem Gottes (Respiro di Dio) anzeigt und von dem berühmten Barockkünstler Gianlorenzo Bernini angefertigt wurde, ist der Phantasie des Autors entsprungen. Tatsächlich verrät der Name nur, dass der Wind aus dem Westen kommt. Er bringt sanfte, kühle Luft vom Atlantik.

Im Uhrzeigersinn folgt der Maestro, der in der Provence als Mistral bekannt ist und ziemlich eisig sein kann, aber auch klare Sicht bringt. Der Tramontana aus dem Norden ist der kälteste Wind, er kommt direkt aus den Alpen. Aus Nordosten bläst der kühle, trockene und oft sehr kräftige Greco. Aus dem Osten weht der als Schönwetterwind geltende Levante. Auf ihn folgt der schwül-heiße Scirocco. Der bringt nicht nur Hitze mit, sondern auch gelben Sand aus der Sahara. Der aus dem Süden kommende Ostro weht nicht stark, ist aber heiß und feucht und lässt die Menschen nachts nicht schlafen. Schließlich folgt der Libeccio aus Südwest. Auch er ist warm, aber viel frischer und angenehmer, allerdings auch stärker als der Scirocco.

Adresse Petersplatz, rund um den Obelisken | **Tipp** Auf dem Meridian, der vom Obelisken in nördlicher Richtung zu den Kolonnaden führt, sind sieben Marmorplatten in wachsenden Abständen in das Pflaster eingelassen. Die erste für den Wendekreis des Krebses (solstitio in cancro 22 giugno), die nächsten für den Mittagsstand des Sonnenschattens in Zwillinge und Löwe sowie Stier und Jungfrau. Dann folgt die Platte zu den Tag- und Nachtgleichen in Widder und Waage. Die letzte Platte – nach Fische und Skorpion sowie Wassermann und Schütze – ist der Winterwendekreis im Steinbock (Solstitio in capricorno 22 dicembre).

55 Das zensierte Fresko

Michelangelos Heilige waren zu nackt

Täglich drängeln sich bis zu 20.000 Menschen in der Sixtinischen Kapelle. Nicht zuletzt, um Michelangelos monumentales Wandfresko »Das Jüngste Gericht« zu sehen. Der Künstler (1475–1564) hatte 15 Jahre lang an seiner Vision vom Ende der Menschheit gearbeitet. Doch als das 13,50 Meter hohe und 12 Meter breite Werk am 1. November 1541 eingeweiht wurde, kam es zum Skandal. Denn Michelangelo zeigt den Gottessohn als jungen, muskulösen und überdies fast nackten Mann, der zornig über Gut und Böse richtet. Ein Arm weist nach oben, der andere nach unten: himmlisches Paradies oder ewige Hölle.

Den Unwillen der Kleriker erregte vor allem, dass viele der 390 Figuren, die in dem unendlichen, nicht durch Architektur definierten Raum schweben, ebenfalls nackt waren. Darunter auch die heilige Katharina mit dem Rad, auf das man sie geflochten hatte. Viele Zeitgenossen ereiferten sich, dass »eine Badestube oder ein Wirtshaus« passendere Orte »für solche Obszönitäten« seien, und Papst Paul IV., der das Werk »ein Treibhaus der Nackten« nannte, ordnete seine Übermalung an. Im Januar 1564 entschied das Konzil von Trient, dass es genüge, die intimen Stellen der Figuren »anständig zu bekleiden«. Daniele da Volterra, dem diese undankbare Aufgabe zufiel, ging als »Höschenmaler« in die Kunstgeschichte ein.

Bei der Restaurierung (1982–1994) wurden neben anderen späteren Übermalungen auch die meisten Unterhosen entfernt.

Adresse Sixtinische Kapelle, Zugang ausschließlich über die Vatikanischen Museen | **Tipp** Kaum jemand entdeckt die kleine Klappe oben rechts im Fresko, durch die der jeweilige Papst unentdeckt in seine Kapelle schauen konnte.

55 ½ Der Schornstein

Schwarzer Rauch – weißer Rauch

Auf dem Petersplatz richten sich die Augen der Pilger und Touristen meist auf die majestätische Basilika, den Apostolischen Palast oder die Kolonnaden. Nur alle paar Jahre und dann auch nur für wenige Tage rückt ein anderes Objekt in den Blick. Während dieser Zeit schaut jedoch die gesamte Weltöffentlichkeit gebannt dorthin. Arbeiter steigen aufs Dach der Sixtinischen Kapelle, die (vom Platz aus gesehen) unmittelbar rechts neben dem Petersdom liegt. Unter Beobachtung zahlreicher Kameras montieren sie ein Kupferrohr. Dieses verbinden sie im Kapelleninneren mit einem Ofen, der ebenfalls extra aufgebaut wurde. Damit ist ein wichtiges Ritual der Papstwahl vorbereitet.

Im Inneren der Sixtinischen Kapelle geben die Kardinäle ihre Stimmen für ihren Wunschkandidaten ab. Sind die Wahlzettel ausgezählt, werden sie im Ofen verbrannt. Der aktuelle wird seit 1939 in jedem Konklave genutzt.

Nach den ersten Wahlgängen quillt in der Regel dichter schwarzer Rauch aus dem Schornstein. Damit signalisierten die 115 wahlberechtigten Kardinäle, dass keiner die nötigen zwei Drittel der Stimmen auf sich vereint hatte. Die Farbe wurde früher mit feuchtem Stroh und Pech erzeugt, heute mit Chemikalien.

Hat sich ein Kandidat durchgesetzt, steigt weißer Rauch aus der Esse. Und weil nach den Konklaven von 1978 und 2005 zunächst Unklarheit über die Farbe des Rauches bestand, läuten zur Bestätigung die Glocken des Petersdoms.

Adresse Petersplatz, Dach der Sixtinischen Kapelle | **Tipp** Das Bild der Petersdom-Fassade wird nicht zuletzt durch acht geschossübergreifende Säulen bestimmt. Im Inneren der Basilika sind fast 800 Säulen verbaut, 229 bestehen aus Marmor, 533 aus Travertin, einige aus Stuck und vier aus Bronze. Für die Korkenzieher-Säulen am zentralen bronzenen Ziborium orientierte sich Bernini an den spätantiken Säulen der Chorschranken des alten Petersdoms. Die Originale sind noch heute in den Vierungspfeilern zu sehen.

55½ weitere Fakten über den Vatikan

Der Vatikan ist ein Hügel in Rom, der hauptsächlich aus Tuffstein besteht. Er liegt zwischen dem Monte Mario und dem Gianicolo. Schon in der Antike wurde er Mons Vaticanus oder Ager Vaticanus (vatikanischer/s Hügel/Feld) genannt, weil sich dort eine »Vaticum« genannte etruskische Siedlung befand. Der Überlieferung nach soll der Apostel Petrus im Herbst 64 im Circus des Caligula mit dem Kopf nach unten gekreuzigt worden sein und hier seine letzte Ruhestätte gefunden haben. Kaiser Konstantin ließ an dieser Stelle eine Basilika errichten, die im Jahr 326 geweiht wurde. In den folgenden Jahrhunderten entwickelte sich das Viertel rund um die Kirche zum Amtssitz der Päpste, zu einem bedeutenden Museumskomplex und seit 1929 zum Territorium des kleinsten souveränen Staates der Welt.

Seit Gründung des Staates der Vatikanstadt im Jahr 1929 ist dessen **Flagge** offiziell im Gebrauch. Ihre linke Hälfte ist gelb (als Ersatz für Gold). In der Mitte der rechten weißen Fläche (für Silber) prangen die päpstliche Tiara und zwei durch eine rote Kordel verbundene gekreuzte Schlüssel. Letztere stehen für die Macht des Papstes, Dinge zu verbinden, aber auch wieder zu lösen

Bis zum Jahr 1949 war die Gran Marcia Trionfale aus dem Jahr 1857 (komponiert von Vittorino Hallmayr) **Nationalhymne** des Vatikanstaates. Seit 1949 ist es der Päpstliche Marsch von Charles Gounod.

In der Verfassung des Staates der Vatikanstadt kommt das Wort »Gott« nicht vor. Laut Staatsbürgerschaftsgesetz von 1929 sind nur Kardinäle zum **katholischen Glauben** verpflichtet. Theoretisch könnten auch Andersgläubige hier wohnen und arbeiten. Dennoch gibt es im Vatikanstaat mit 100 Prozent den höchsten Katholikenanteil überhaupt. Zugleich ist der Vatikan (wegen seiner geringen Einwohnerzahl) der Staat mit den wenigsten Katholiken.

Laut den Lateranverträgen von 1929, auf deren Grundlage der Staat der Vatikanstadt gegründet wurde, umfasst sein **Territorium** das Gelände innerhalb der vatikanischen Mauern. Dazu gehören die Paläste und Gärten, aber auch der Petersdom und der Petersplatz. Außerdem verfügt der Vatikan über eine Reihe exterritorialer Besitzungen: die drei Papstbasiliken San Giovanni in Laterano, Santa Maria Maggiore und San Paolo fuori le mura, die Päpstliche Sommerresidenz in Castel Gandolfo, die Päpstliche Universität Gregoriana sowie (über diverse religiöse Gemeinschaften) 51 Quadratkilometer römischen Bodens.

Obwohl der Vatikan quasi das Herz der katholischen Kirche ist, hat er auf seinem eigenen Staatsgebiet keinen **Bischofssitz**. Dieser befindet sich exterritorial in der Basilika San Giovanni in Laterano.

Im Vatikan sind fast 5.000 Menschen angestellt, davon etwas mehr beim Heiligen Stuhl als beim Vatikanstaat. Die meisten von ihnen leben in Rom und gelten nicht als **Einwohner**. Die Zahl der ständig dort Wohnenden schwankt um 800.

Der Vatikanstaat ist eine absolute (Wahl-)Monarchie. Es gibt kein **Parlament**, welches das Staatsoberhaupt bestimmt. Stattdessen wählt das Kardinalskollegium den Papst. Er ist Herrscher über die Legislative (Gesetzgebung), die Exekutive (ausführende Gewalt) und die Judikative (Gerichtsbarkeit). Einmal im Amt, bleibt er so lange Oberhaupt des Vatikans und der katholischen Kirche, wie er möchte – längstens bis zu seinem Tod. Niemand kann ihn absetzen, selbst dann nicht, wenn er über lange Jahre handlungsunfähig wäre. Im Alltag gibt er die weltliche Leitung des Vatikanstaates jedoch an den Kardinalstaatssekretär ab. Die Regierungsgewalt wird von einer aus sieben Kurienkardinälen bestehenden Kommission ausgeübt. Diese ist hauptsächlich für die Haushalts- und Finanzpolitik der Vatikanstadt zuständig. Der Papst ernennt sie für jeweils fünf Jahre. Aber: Der Papst kann zu jeder Zeit in jede Entscheidung eingreifen.

Der **Heilige Stuhl** ist die Rechtskörperschaft des Bistums Rom. Er vertritt den Staat der Vatikanstadt und die katholische Kirche in internationalen Beziehungen. Außerdem ist er Mitglied oder Beobachter in verschiedenen internationalen

Organisationen. Außer dem Papst gehören die Einrichtungen der Römischen Kurie zum Heiligen Stuhl.

Die Gesamtheit der Päpstlichen Behörden wird als **Römische Kurie** bezeichnet. Sie ist für die Leitung und Verwaltung der römisch-katholischen Kirche zuständig und besteht aus den Dikasterien (Ämtern). Am wichtigsten ist das päpstliche Staatssekretariat. Dessen Chef, der Kardinalstaatssekretär, gilt als zweitwichtigster Mann nach dem Papst. Er fungiert als eine Art Kanzler und als Chefdiplomat des Vatikans. Die Behörden für einzelne Sachbereiche werden Kongregationen genannt und sind vergleichbar mit Ministerien. Außerdem gibt es drei Gerichtshöfe, elf Päpstliche Räte und drei Büros für wirtschaftliche Belange. Und schließlich kommen noch Sekretariate, Kommissionen und Ausschüsse hinzu, in denen Staatsangelegenheiten geregelt und politische Entscheidungen umgesetzt werden.

Diplomatische Beziehungen zu anderen Ländern pflegt der Vatikanstaat nicht selbst, das ist Aufgabe des Heiligen Stuhls.

Vatikan-Staatsbürger ist niemand für das ganze Leben. Normalerweise wird man durch Geburt zum Bürger eines Staates, oder die Eltern beziehungsweise der Ehepartner verfügen über diesen Status. Vatikanische Staatsbürger sind hingegen außer dem Papst alle Kardinäle, die im Vatikan oder in Rom leben, die Nuntien (Vertreter des Heiligen Stuhls in anderen Ländern), die Diplomaten am Heiligen Stuhl, Mitglieder der Schweizergarde sowie alle Angestellten des Vatikanstaates. Weil der Status an die Funktion gebunden ist, behalten alle Bürger (die Zahl schwankt zwischen 400 und 800) zugleich ihre originale Staatsangehörigkeit.

Alle Beschäftigten im Vatikanstaat unterliegen einer strengen **Schweigepflicht**, deren Einhaltung sie auf die Bibel schwören müssen.

Erst seit 1969 gibt es im Vatikanstaat keine **Todesstrafe** mehr. Die letzte Hinrichtung im Kirchenstaat liegt allerdings schon ewig zurück, sie wurde am 14. November 1868 vollstreckt. Damals hatten zwei Maurer in einer päpstlichen Kaserne in Rom Pulverfässer in die Luft gesprengt und dabei 23 Soldaten in den Tod gerissen.

Pontifex ist die lateinische Bezeichnung für Brückenbauer.

Der **erste Papst**: Das Matthäus-Evangelium beschreibt, wie Jesus Christus seinem ersten Apostel (Petrus) die Kirche anvertraut: »Du bist Petrus, auf diesen Felsen will ich meine Kirche bauen.« Damit wird Petrus zum ersten Bischof Roms und für die katholische Kirche zum ersten Papst. Bis zum heutigen Tag sind alle Päpste zugleich Kirchenoberhaupt und Bischof von Rom und führen den Titel »Stellvertreter Christi auf Erden«.

Kardinäle sind die höchsten Würdenträger in der römisch-katholischen Kirche nach dem Papst. Dieser kreiert (ernennt) nach eigenem Ermessen verdiente Bischöfe, der Titel gilt auf Lebenszeit. Es sei denn, der Amtsinhaber lässt sich schwere Verfehlungen zuschulden kommen. Kardinäle unter 80 Jahren sind zur Wahl eines neuen Papstes berechtigt.

Das Wort **Konklave** kommt aus dem Lateinischen und bedeutet »verschließbares Zimmer«. Seit 1216 findet die Papstwahl hinter verschlossenen Türen statt – um die Kardinäle vor möglichen Attacken der Anhänger von Gegenkandidaten zu schützen, aber auch, um die Wahl zu beschleunigen. Das kürzeste Konklave (1503) dauerte nur ein paar Stunden,

das längste von 1268 bis 1271. Nach drei Jahren ließen die genervten Stadtbehörden von Viterbo, wo die Wahl stattfand, alle Kardinäle in den Bischofspalast einmauern und zeitweise das Dach abdecken. Außerdem gab es nur noch Wasser und Brot. Plötzlich verständigte man sich ganz schnell auf einen Kandidaten.

Rückzieher: Erst ein einziges Mal mochte ein Kandidat partout nicht Papst werden. Während des Konklaves von 1271 versteckte sich Philip Benizi so lange, bis jemand anderes gewählt wurde.

Sobald der weiße Rauch aus dem Schornstein der Sixtinischen Kapelle und Glockengeläut die Wahl eines neuen Papstes angezeigt haben, tritt der Kardinalprotodiakon auf die Bendiktionsloggia. Seine Ankündigung in lateinischer Sprache folgt einem festen Ritual: »Annuntio vobis gaudium magnum: Habemus Papam! Eminentissimum ac Reverendissimum Dominum, Dominum [Vorname], Sanctae Romanae Ecclesiae Cardinalem [Nachname], qui sibi nomen imposuit [Papstname].« (Ich verkünde euch große Freude: Wir haben einen Papst! Den herausragendsten und hochwürdigsten Herrn, Herrn [bürgerlicher Vorname], der Heiligen Römischen Kirche, Kardinal [bürgerlicher Nachname], welcher sich den Namen [Name des neuen Papstes] gegeben hat.) Unter dem Jubel der wartenden Menschen tritt erst dann der neue Pontifex auf den Balkon.

Zu den ungeschriebenen Gesetzen des Vatikans gehört, dass ein Papst nach seiner Wahl die bisherige Wohnung aufgibt. Aber wo und wie er dann lebt, änderte sich im Laufe der vergangenen Jahrhunderte häufig. Ab 313 war der Lateranpalast offizielle Residenz. Zeitweise gab es jedoch auch Papstsitze außerhalb Roms (zum Beispiel in Viterbo oder während des päpstlichen Exils von 1309 bis 1377 in Avignon). Ab Ende des 14. Jahrhunderts wurde der Vatikan zum Zentrum der katholischen Kirche und der Apostolische Palast zum Wohnort der Päpste. Offizielle Sommerresidenz bis 1870 war der Quirinalspalast (danach Residenz des Königs und seit 1946 Sitz des italienischen Staatspräsidenten). Im dritten Stock des Apostolischen Palastes steht dem Heiligen Vater ein 400 Quadratmeter großes Sechs-Zimmer-Apartment mit Privatkapelle zur Verfügung. Papst Franziskus entschied, nicht dorthin zu ziehen, und blieb im Vatikanischen Gästehaus, der Casa Santa Marta. Die offizielle Papstwohnung nutzt er jedoch für den Empfang von Staatsgästen und besondere Audienzen, speist im Esszimmer mit hochrangigen Gästen und zelebriert sonntags vom Fenster der Bibliothek aus das Angelusgebet.

Neben der Teilnahme an einer Generalaudienz, einer von ihm zelebrierten Messe oder dem sonntäglichen Angelusgebet gibt es weitere Gelegenheiten, den Papst einmal live zu sehen. Jedes Jahr am Karfreitag leitet er die Via Crucis-(Kreuzweg-)Meditationen. In Erinnerung an den Leidensweg Christi sind dann im antiken Kolosseum 14 Stationen aufgebaut, an denen der Papst betet. Mit der Ausarbeitung der Meditationen wird immer ein anderer Bischof beauftragt. Die Andacht ist öffentlich und beginnt jeweils um 21.15 Uhr. Dabei ist das nächtliche Kolosseum beleuchtet, viele Gläubige halten Fackeln in der Hand, ein Chor intoniert Passionsgesänge. Zu Fronleichnam (2. Donnerstag nach Pfingsten) führt der Papst eine Prozession an, mit der eine prächtige Monstranz auf einem geschmückten Wagen von seinem Bi-

schofssitz, dem Lateran, über die Via Merulana zur Patriarchalbasilika Santa Maria Maggiore gebracht wird. Um 19 Uhr hält er dort auf dem Kirchplatz eine Messe ab. Am Nachmittag des 8. Dezembers kommt der Papst mit einer Prozession zur Colonna dell Immacolata. An diesem Tag im Jahr 1854 hatte Papst Pius IX. die unbefleckte Empfängnis Mariens zum Dogma erhoben. Zwei Jahre später wurde auf der Piazza di Spagna diese Säule aufgestellt, an der der Papst nun traditionell betet.

Der Papst bezieht kein **Gehalt** und hat auch kein Bargeld bei sich. Aber der Vatikan bezahlt für alles, was er benötigt.

Eine etwas heikle Frage ist, ob der Papst **Sex** haben darf. Ganz klar: nein. Nach den Glaubensgrundsätzen der katholischen Kirche dient Sex der Familiengründung. Und die soll innerhalb der Ehe erfolgen. Nur wenn er vor seiner Priesterweihe verheiratet und die Ehe bis zu diesem Zeitpunkt durch den Tod seiner Frau beendet war, dürfte er also (nach den Regeln seiner Kirche) überhaupt entsprechende Erfahrungen haben. Als Papst unterliegt er dem Zölibat.

Die vatikanischen Hausfotografen dokumentieren alle Auftritte des Papstes in der Öffentlichkeit und begleiten ihn auch bei den Generalaudienzen sowie Angelusgebeten. Wenn Sie bei solch einem Event sind, ist es nicht unwahrscheinlich, abgelichtet zu werden. Alle **Fotos** der Veranstaltungen können Sie online unter www.photo va anschauen und auf Wunsch gegen Gebühr bestellen.

Die vatikanische **Apotheke** ist die meistfrequentierte Einrichtung im Kirchenstaat. Die Farmacia wurde 1874 gegründet. Damals war der Vatikan von Rom isoliert und musste sich eigenständig mit Medikamenten versorgen. Heute lassen die Schweizergardisten jeden passieren, der ein italienisches Rezept vorzeigen kann. Weil der Vatikan anderen gesetzlichen Bestimmungen unterliegt, darf die Apotheke Medikamente bereitstellen, die in Italien nicht erhältlich sind. Dieser Umstand und der im Vergleich zu römischen Apotheken günstige Preis locken zahlreiche Patienten an. Die 54 Angestellten versorgen täglich circa 2.000 Menschen. Die Hälfte sind Vatikanangestellte, die anderen 50 Prozent Römer.

Jedes Jahr warten Sammler auf neue **Briefmarken**, die vom Ufficio Filatelico e Numismatico herausgegeben werden. Die Darstellungen auf den kleinen Postwertzeichen erinnern an historische religiöse Figuren, stellen künftige Heilige vor, präsentieren den aktuellen Papst oder zeigen zum Beispiel einen Ausschnitt aus dem Deckenfresko der Sixtinischen Kapelle.

Bei Interesse an Briefmarken und/oder Euromünzen des Vatikans wenden Sie sich bitte an das Ufficio Filatelico e Numismatico, 00120 Città del Vaticano, Tel. 0039/0669891337, E-Mail order.ufn@scv.va.

Im Vatikan gibt es keine **Schule**, keinen **Friseur**, kein **Kino** und kein **Restaurant**.

Der Vatikan begeht alle **Feiertage**, die auch im umgebenden Italien gefeiert werden: 1. Januar (Neujahr), 6. Januar (Epifania/Heilige Drei Könige), Ostersonntag und -montag, 24. April (Tag der Befreiung Italiens), 1. Mai (Tag der Arbeit/Gedenktag des hl. Joseph, des Zimmermanns), 2. Juni (Nationalfeiertag Italiens), 15. August (Ferragosto), 1. November (Allerheiligen), 8. Dezember (Fest der unbefleckten Empfängnis), 25./26. Dezember. Außerdem sind der 11. Dezember (Heilige Jungfrau Maria von Lourdes/Jahrestag der Lateranverträge), der 19. März (Gedenktag des hl. Joseph, des Bräutigams der Jungfrau Maria), der 29. Juni (St. Peter und Paul), der 2. November (Allerseelen), der Namenstag des aktuellen Papstes sowie der Tag von dessen Wahl Feiertage.

Um das milliardenschwere **Vermögen** des Vatikans ranken sich unzählige Mythen. Niemand weiß, wie groß es tatsächlich ist. Beträchtliche Teile sind in Wertpapieren und Gold angelegt. Der Mini-Staat verfügt zudem über immensen Immobilienbesitz, unter anderem in Rom, London, Paris und der Schweiz. Zu den Haupteinnahmequellen gehören (neben Spenden und den Einnahmen aus Vermietungen und Verpachtungen) die Geschäfte innerhalb des Vatikans. Zum Beispiel kassiert er die Eintrittsgelder der Vatikanischen Museen, Umsätze des Supermarktes und der Tankstelle, der Apotheke und des Kaufhauses. Außerdem verdient er am Verkauf von

Vatikan-Münzen und Briefmarken. Und er bekommt Spenden aus aller Welt. Zum Vermögen gehören auch zahllose Kunstwerke von unschätzbarem Wert. Diese sind jedoch unverkäuflich und müssen mit großem Aufwand erhalten werden. Weitere große Ausgabenpositionen sind die Gehälter der Angestellten und die Finanzierung von Auslandsvertretungen.

Der Vatikan besitzt eine **Fußball-Auswahl** und eine eigene Liga mit 16 Mannschaften. Dort spielen Schweizergardisten, päpstliche Räte und Museumswächter. Weil der Fußballplatz aber keinen Naturrasen hat und auch nicht den FIFA-Normen entspricht, ist der Vatikan kein FIFA-Mitglied.

Der Vatikanstaat hat ein eigenes **Gefängnis** für zwei Personen. Es wurde bisher nur viermal genutzt. Von der Polizei festgenommene Personen (meist Diebe) werden sofort an die italienischen Kollegen übergeben, die zur Übernahme verpflichtet sind.

1981 eröffnete die **Vatikan-Sternwarte** eine Dependance: in Tucson/Arizona. Dort wurde 2010 das bislang größte Spiegelteleskop der Welt eingeweiht. Sein Name ist Lucifer.

Der Vatikan besitzt keine eigene **Luftwaffe**. Sein Luftraum wird durch Italien gesichert.

Seit Papst Paul VI. 1976 einen **Hubschrauber-Landeplatz** innerhalb der Vatikanischen Gärten bauen ließ, brechen die Päpste von dort aus zu ihren Reisen auf. Das italienische Militär stellt die Maschinen bereit, die römischen Flughäfen übernehmen die Flugüberwachung. Nach seiner Emeritierung bestieg auch Benedikt XVI. einen Hubschrauber, drehte noch eine Runde über dem Petersplatz und zog sich dann für einige Wochen in die Päpstliche Sommerresidenz nach Castel Gandolfo zurück. Reist der Papst mit dem Flugzeug, ist es üblich, dass er auf dem Hinweg die Alitalia nutzt und auf dem Rückweg mit der Fluggesellschaft des besuchten Staates fliegt.

Im Vatikan gibt es keinen privaten **Grundbesitz**, Wohnungen werden den Bürgern nur für die Dauer ihres Amtes überlassen. Aber die Mieten sind äußerst günstig und nur etwa halb so hoch wie der römische Durchschnitt.

Die **Kfz-Kennzeichen** von staatlich genutzten Fahrzeugen beginnen mit »SCV« (Stato della Città del Vaticano), was böse Zungen auch als »se Cristo vedesse« (»wenn Christus das sähe«) lesen. Die der zivilen Fahrzeuge lauten hingegen »CV« (Città del Vaticano).

Im Vatikan gibt es kein **Krankenhaus**, aber alle Einrichtungen für Notfälle. So zum Beispiel ein Ambulatorium, eine rund um die Uhr besetzte Notaufnahme, in der bei Bedarf auch Besucher vom Petersplatz oder der Vatikanischen Museen behandelt werden können. Während der langen Krankheit von Johannes Paul II. wurde die römische Gemelli-Klinik, in die er häufig eingeliefert wurde, auch als Vatikan III bezeichnet.

Der Vatikanstaat hat die höchste **Kriminalitätsrate** der Welt, wenn die Anzahl der Straftaten ins Verhältnis zur Einwohnerzahl gesetzt wird. Dafür sind aber nicht die Staatsbürger verantwortlich, sondern in erster Linie Langfinger, die die Touristen beklauen. Weit über 90 Prozent der Fälle bleiben ungeklärt, weil die Täter auf italienisches Staatsgebiet fliehen, bevor sie geschnappt werden können.

Nirgendwo auf der Welt leben mehr **Singles** pro Quadratkilometer.

Im Vatikan ist **Latein** alles andere als tot, sondern die offizielle Sprache des Heiligen Stuhls. Selbst die Geldautoma-

ten haben eine lateinische Anzeige. Offizielle Staatssprache ist hingegen Italienisch. Mündliche Diskussionen und Korrespondenz werden ebenfalls auf Italienisch geführt. Im Alltag sind viele Sprachen zu hören. Die Schweizergardisten sprechen zum Beispiel neben Italienisch fast immer Deutsch, Französisch und meist auch Englisch.

In den Vatikanischen Gärten steht ein Segment der **Berliner Mauer**. Es befand sich bis 1990 vor der Kirche Sankt Michael im Stadtteil Kreuzberg. Während der Teilung war der Blick auf den unteren Teil der Kirche von West-Berlin aus versperrt. Zwei Künstler malten an die Fehlstelle ein illusionistisches Bild. 1990 ersteigerte der Italiener Marco Piccinini das Segment auf einer Auktion in Monte Carlo und schenkte es später dem Vatikan. Dort wurde das 360 Zentimeter hohe, 120 Zentimeter breite und knapp 3 Tonnen schwere Betonelement im Jahr 1994 aufgestellt.

Der Vatikanstaat hatte nie eine eigene **Währung**, sondern ist diesbezüglich mit Italien verbunden. Früher waren die italienischen Lire gesetzliches Zahlungsmittel. Allerdings prägte der Vatikan immer eigene Münzen, die sich optisch von den italienischen unterschieden. Obwohl der Vatikan kein EU-Mitglied ist, konnte er durch das bestehende Abkommen mit Italien auch den Euro einführen. Er hat weiterhin eigene Münzen (mit dem Konterfei des Papstes), verpflichtete sich jedoch, ohne Zustimmung der Gemeinschaft keine eigenen Geldscheine herauszugeben. Wegen ihrer geringen Auflage waren die Münzen von Anfang an heiß begehrte Sammlerobjekte. Seit 2010 gilt die Regelung, dass 51 Prozent aller vatikanischen Münzen in den Umlauf kommen sollen. Trotzdem erhält man in Rom so gut wie nie eine als Wechselgeld.

Innerhalb der Vatikanstadt verkehren keine öffentlichen Verkehrsmittel. Bewohner und Besucher bewegen sich zu Fuß, mit dem Auto oder Fahrrad vorwärts.

Im Vatikan gibt es keine Mehrwertsteuer. Angestellte des Vatikanstaates sind gemäß den Lateranverträgen auch von sonstigen Steuerlasten befreit und müssen weder für elektrischen Strom noch für das Telefon zahlen.

Natürlich gibt es auch einen Supermarkt In der Annona werden nicht nur regionale Produkte verkauft, sondern auch viele internationale Delikatessen und ein ausgesuchtes Spirituosenangebot. Für den steuerfreien Einkauf ist jedoch eine spezielle Karte erforderlich, die nur Vatikanangestellte und Diplomaten bekommen.

An den beiden Tankstellen auf dem Vatikan-Gelände ist Benzin rund 30 Prozent günstiger als in Rom. Allerdings kann dort nur sein Auto tanken, wer einen speziellen Ausweis besitzt. Außerdem dürfen keine Kanister befüllt werden.

Wer auf dem Weg zu den Vatikanischen Museen um die Ecke der Viale Vaticano biegt, ahnt in der Regel nicht, dass dort oben hinter der Mauer ein Tennisplatz liegt. Ab 1978 wurden hier sogar Turniere gespielt. Sie schliefen in den 1990er Jahren wegen mangelnder Teilnehmerzahlen ein und fanden auch bei der Neuaufnahme ab 2008 nicht mehr viel Interesse.

Auf dem Sterbebett verfügte Papst Pius XI. (Pontifikat 1922–1939), dass eine Flasche seines besten Weines für seinen Nachfolger im Jahre 2000 aufgehoben werden solle. Ob Johannes Paul II. diese Flasche jemals erhalten hat, ist leider nicht bekannt.

Außer an Fahrzeugen ist die Anbringung von Werbung im gesamten Vatikan verboten.

Im Februar 1931 sprach Pius XI. die ersten Worte in den Äther. Seitdem ist Radio Vaticana das offizielle Sprachrohr des Papstes. Es verbreitet seine Ansprachen und Lehren, informiert über die Aktivitäten des Heiligen Stuhls, bringt religiöse Themen und Live-Reportagen in rund 40 Sprachen.

Fernsehen: Das Centro Televisivo Vaticano wurde 1983 auf Wunsch von Papst Johannes Paul II gegründet. Es produziert circa 130 Sendungen pro Jahr.

Der »L'Osservatore Romano« ist die offizielle Vatikan-Zeitung. Er war der erste publizistische Global Player. Seine erste Ausgabe erschien am 1. Juli 1861. Das Blatt wird in acht Sprachen und in 150 Ländern publiziert (die englischsprachige Ausgabe allein in 129 Ländern). Die meistgelesene Sprache ist Spanisch mit 200.000 Kopien pro Ausgabe. Die italienische Version erscheint täglich (außer montags), die anderen wöchentlich. Der »L'Osservatore Romano« druckt alle päpstlichen Ansprachen und Dokumente des Heiligen Stuhls, berichtet über internationales Geschehen, kulturelle und kirchliche Debatten, listet jede zu einer Audienz gemeldete Pilgergruppe auf und kann auch online abgerufen werden unter www.osservatoreromano.va/de.

Social Media: Schon immer nutzte der Vatikan die jeweils aktuellsten Medien, um seine Botschaft in der Welt zu verbreiten. Neben Radio, Zeitung und Fernsehen (die ohnehin über eigene Homepages verfügen) ist auch seine digitale Präsenz im Netz beachtlich. Der Vatikan bietet einen Online-Bilder- und Pressedienst, Livestreams, On-demand-Angebote, RSS-Feeds sowie über die zentrale Plattform pope2you.net Apps, Anwendungen, Videos und Audiobeiträge für iOS und Android. Seit 2009 erteilt der Papst auch via YouTube seinen

Segen. Sein Channel wird deshalb spaßeshalber auch »Popetube« genannt. Und natürlich äußert sich der Vatikan über Facebook, Twitter (TWITTER @PONTIFEX) und Flickr. Aktuellste Neuigkeiten sind über www.news.va abrufbar.

Am 29. Juni, dem Patronatsfest Peter und Paul, sammeln Katholiken auf der ganzen Welt für den Papst und den Vatikan. Der sogenannte **Peterspfennig** ist eine (heute) freiwillige Abgabe, die mit der Kollekte eingenommen wird. Der Brauch geht auf das 8. Jahrhundert zurück. Damals zahlte der englische König dem Papst eine jährliche Summe für dessen Lehnsherrschaft über das Inselreich. Im 10. Jahrhundert wurde die Abgabe auf die Bevölkerung ausgedehnt und seit dem 12. Jahrhundert auch in Dänemark, Norwegen, Schweden, Polen, Ungarn und wahrscheinlich einem Teil Russlands verlangt. Zunächst finanzierte der Vatikan auch den Bau des Petersdoms mit dem Peterspfennig. Doch dieser wurde 1532 abgeschafft und erst 1860 als freiwillige Spende der Katholiken wiederbelebt. Nach der Auflösung des Kirchenstaates (1870) wurde er zur wichtigsten Einnahmequelle des Vatikans. Allerdings geht die Spendenbereitschaft zurück. Zuletzt kamen rund 66 Millionen Dollar pro Jahr zusammen; 2009 waren es noch mehr als 80 Millionen Dollar. Die höchsten Beträge kommen traditionell aus den USA, aus dem deutschen Sprachraum und Italien.

In der Realität steht es zwar nicht zu erwarten, aber theoretisch dürfte eine Frau **Kardinälin** werden. Anders als für das Amt des Papstes ist dafür keine Priesterweihe vorgeschrieben.

Adressen und Anfahrt

Der Papst

Sua Santità (*Name des Papstes*)
Sommo Pontifice
00120 Città del Vaticano

Petersdom

Piazza San Pietro, 00120 Città del Vaticano
Anfahrt Metro-Linie A (bis Ottaviano/San Pietro), Tram 19, Bus 32, 81, 590, 982 (bis Piazza del Risorgimento), Bus 23, 34, 40, 62, 271, 280, 982 (bis Engelsburg/Via della Conciliazione), Bus 34, 46, 46B, 64, 98, 190F, 881, 916, 916F, 982 (bis Via di Porta Cavalleggeri), Bus 36 bis Piazza Pia
Öffnungszeiten April – Sept. 7 – 19 Uhr,
Okt. – März 7 – 18.30 Uhr
Besteigung der Kuppel April – Sept. 8 – 18 Uhr,
Okt. – März 8 – 17 Uhr
Museo del Tesoro della Basilica di San Pietro (Domschatz, linkes Schiff des Langhauses April – Sept. 8 – 18.40 Uhr, Okt. – März 8 – 17.40 Uhr)

Vatikanische Museen

Musei Vaticani, Viale Vaticano 6, 00165 Rom
Homepage: *www.museivaticani.va*
Anfahrt Metro A bis Ottaviano oder Musei Vaticani (Cipro). Die im Bau befindliche Metro C wird am Petersplatz halten; Bus 49 (gegenüber des Museumseingangs), Bus 32, 81, 982 (bis Piazza del Risorgimento), Bus 492, 990 (bis Via Leone IV/ Via degli Scipioni); Tram 19 (bis Piazza del Risorgimento)
Öffnungszeiten Mo – Sa 9 – 18 Uhr (letzter Einlass 16 Uhr). Von Mai – Okt. (außer August) sind die Museen freitags von 19 – 23 Uhr geöffnet. Außerdem kostenloser Eintritt an

jedem letzten Sonntag im Monat von 9 – 14 Uhr (außer Ostersonntag, 29. Juni, 25./26. Dez. letzter Einlass 13.30 Uhr)
Innerhalb der Vatikanischen Museen gibt es eine Gepäckaufbewahrung, eine Cafeteria sowie mehrere Restaurants.

Ufficio Scavi (Grabungsbüro – zur Bestellung von Karten für die Nekropole)
00120 Città del Vaticano
Tel. 0039/0669885318
Fax 0039/0669873017
E-Mail scavi@fsp.va

Kartenbestellung für Generalaudienzen und Heilige Messen mit dem Papst
Prefettura della Casa Pontificia
00120 Città del Vaticano
Fax 0039/0669885863
www.vatican.va/various/prefettura/index_ge.html

Pilgerzentrum (Centro Pastorale Pellegrini di Lingua Tedesca)
Via del Banco di S. Spirito 56
00186 Rom
Tel. 0039/066897197
Fax 0039/066869490
E-Mail info@pilgerzentrum.net
www.pilgerzentrum.net
Öffnungszeiten Mo, Di, Do, Fr 10 – 13 Uhr, Mi 8 – 11 Uhr, Mo – Fr 14 – 18 Uhr (außer an Feiertagen)
Das Pilgerzentrum unterstützt beim Beschaffen von Karten für Generalaudienzen und Heilige Messen, informiert über kirchliche Veranstaltungen in Rom und hilft bei der Planung, Organisation und Vermittlung von Gottesdiensten.

Extraterritoriale Gebiete

San Giovanni in Laterano, Piazza San Giovanni in Laterano 4, 00184 Rom, Öffnungszeiten täglich 7 – 18.30 Uhr, Gottesdienste zwischen 7 und 12 Uhr stündlich und um 17 Uhr (sonntags auch 18 Uhr)
Santa Maria Maggiore, Via Liberiana 27, 00185 Rom, Öffnungszeiten täglich 7 – 19 Uhr, Gottesdienste zwischen 7 und 12 Uhr stündlich, außerdem um 18 und sonntags um 15 Uhr
San Paolo fuori le mura, Via Ostiense 186, 00146 Rom, Öffnungszeiten täglich 7 – 19 Uhr, Gottesdienste täglich um 7, 8, 9, 10.30 und 18 Uhr, sonntags auch um 12 Uhr. Vesper mit gregorianischem Gesang der Mönche Mo – Do, Sa/So um 17 Uhr, ökumenische Vesper Freitag 18 Uhr

Pfarrkirche des Vatikans

Pontificia Parrocchia Sant'Anna dei Palafrenieri
Via di Porta Angelica/Ecke Borgo Pio
00120 Città del Vaticano
geöffnet täglich 6.45 – 12 Uhr

Päpstliche Villen in Castel Gandolfo – Barberini-Garten

Ville Pontificie di Castel Gandolfo, Giardino Barberini
Via Carlo Rosselli (gegenüber Piazzale Urbano VIII.)
00073 Castel Gandolfo

Der Vatikan online

Vatikan-Homepage

www.vatican.va
www.vaticanstate.va

Offizielles News-Netzwerk

http://www.news.va

Video-Aufzeichnungen von Auftritten des Papstes
z. B. Audienzen, Messen, Ansprachen, Begegnungen
http://www.vatican.va/video/

Fotoservice
www.photovat.com

Virtueller Rundgang durch die Päpstlichen Basiliken Petersdom, San Giovanni in Laterano, S. Paolo fuori le mura, S. Maria Maggiore, die Paolinische Kapelle und die Kapelle Redemptoris Mater sowie die Vatikanische Nekropole
http://www.vatican.va/various/basiliche/index_it.html

Virtueller Rundgang durch die Sixtinische Kapelle
http://www.vatican.va/various/cappelle/sistina_vr/index.html

Literatur:

Arne Karsten: Bernini. Schöpfer des barocken Rom, München 2006

Giovanni Morellino (Hrsg.): La Basilica di San Pietro. Fortuna e immagine, Roma 2012

Arnold Nesselrath: Raphaël et Pinturicchio. Les grands décors des appartements du pape au Vatican, Paris 2012

Georg Satzinger/Sebastian Schütze (Hrsg.): Sankt Peter in Rom 1506–2006, München 2008

Aldo Maria Valli: Alltagsleben im Kirchenstaat, Rom 2012

Pietro Zander: La Necropoli sotto la Basilica di San Pietro in Vaticano, Rom 2007

Kaspar Zollikofer: Berninis Grabmal für Alexander VII. Fiktion und Repräsentation, Worms 1994

VATIKANSTADT
Englischer Garten
Radio Vatikan
Kloster Mater Ecclesiae
Französischer Garten
Amerikanischer Garten
Governatoratspalast
Johannesturm
Radio Vatikan
Palazzo del Tribunale
Bahnhof
Tor